Sebastian vom Pillersee

Schweigen ist Silber. Reimen ist Gold.

Band 1

FSC
www.fsc.org
MIX
Papier aus verantwortungsvollen Quellen
Paper from responsible sources
FSC® C105338

Sebastian vom Pillersee

Schweigen ist Silber.
Reimen ist Gold.

Band 1

Mit Illustrationen
von Reinhard Walder

Bisherige Titel von Sebastian vom Pillersee

Schweigen ist Silber. Reimen ist Gold. - Band 1

Offizielle Internetseite des Schriftstellers
www.sebastianvompillersee.at

Illustrationen: Reinhard Walder
Publishing: SevoP
Buchsatz, Layout und Umschlag: Elisabeth Guggenberger
Buchcover: Janet Ebner Werbedesign
Logos: Bergbahn Westendorf, Flugschule Fly Tirol
Bilder: Sebastian vom Pillersee, René Kremser
Korrektorat: Martina Schnaller, Elisabeth Saustingl, Stephanie Rittig
Probelesen: Karoline Foisner, Sabine Gensbichler

Verlag: BoD · Books on Demand GmbH, In de Tarpen 42,
22848 Norderstedt, bod@bod.de
Druck: Libri Plureos GmbH, Friedensallee 273, 22763 Hamburg

ISBN: 978-3-7693-2533-1

FÜR DIE MENSCHHEIT

FÜR MEHR SELBSTBESTIMMTHEIT

FÜR MEHR HEITERKEIT

FÜR MEHR SPRACHBEWUSSTHEIT

FÜR MEHR WEISHEIT

„Manche Menschen, noch bei Sinnen
wissen, wahrer Reichtum kommt von Innen."

Sebastian vom Pillersee

Vorwort

Zum Vorwort sei hier kurz geschrieben,
dass dies bereits beendet ist
seitdem du diese Zeilen liest.
So sei nun kurz dir klar,
was VOR einem Wort denn war.
Wie dir hoffentlich nun ist bewusst,
du VOR dem Sagen oder Lesen eines Wortes anderes noch tust.

Inhaltsverzeichnis

Wen ein Buch so „packt“ und interessiert,
dass man es kaum aus seinen Augen verliert,
der braucht das Inhaltsverzeichnis vorne nicht,
auch wenn Viele denken es sei Pflicht.
Meistens ist es so gewesen,
nachdem man ein Buch zu Ende gelesen,
wusst‘ man nicht mehr was wo stand
und wo man diesen Reim nun fand.
Vielleicht auch in ‘nem anderen Band.[1]
Nimm das Buch in deine Hände
und lies es erst mal bis zum Ende.
Dort dann angelangt
findest du was Mancher vorn verlangt.

[1]) weitere Bände sind geplant und auch in Arbeit

Gewollt

Falls ihr beim Lesen Schreibfehler finden sollt,
bedenket, die sind so gewollt.

Am Ende

Am Ende bin ich hier noch lange nicht,
denn es folgt noch das ein oder andere Gedicht.
Oder lieber nenn ich's nicht geheim
gerne einen Reim.
Manche sagen hierfür Poesie
welche schadet nie.
Denn seit Jahrhunderten galten
Poeten als jene, die kreieren und Wissen erhalten.
Meistens mit Sprachgesang
und auch noch mit schönem Klang.

Zum Vorlesen

Für jene, die noch vor dem Lesen,[1]
oder auch Wesen
die nicht können lesen,[2]
ist diese Rubrik gemacht
und das auch wirklich mit Bedacht.

[1]) Kinder die noch nicht lesen können

[2]) Blinde oder andere Menschen die dies hier nicht lesen können

Vom Lesen

Am Anfang sei mal kurz erklärt,
wie man beim Lesen hier verfährt.
Damit, wenn‘s wird auch laut erzählt
die passende Betonung dann nicht fehlt.
Am Ende einer Zeile
hab niemals Eile.
Pausen haben einen großen Wert,
der Sinn
wird sonst hierin
entleert.
Auch jeder Beistrich gibt ein großes Zeichen,
da sollst du langsam, von der Stelle weichen.
So sei dir nun bewusst,
dass du Nicht musst
Hetzen oder Eilen,
und bei Beistrichen und neuen Zeilen
sollst kurz verweilen.
Manche Buchstaben am Beginn groß
und das nicht bloß
wegen dem
Korrektursystem.
Nein.
Das soll bewusst so sein.
Denn auch auf die Betonung der Worte kommt’s drauf an,
so fange manchesmal von Vorne an.

Bezeichnen

Bedanken will ich mich bei einem Mann[1],
der auch sehr gut zeichnen kann.
Bezeichnet hat er viele „Blätter“,
denn so ist das Lesen netter.
Und es ist wohl wahr,
der Sinn vom Reim wird schneller klar.

[1]) Reinhard Walder: professioneller Maler und Künstler

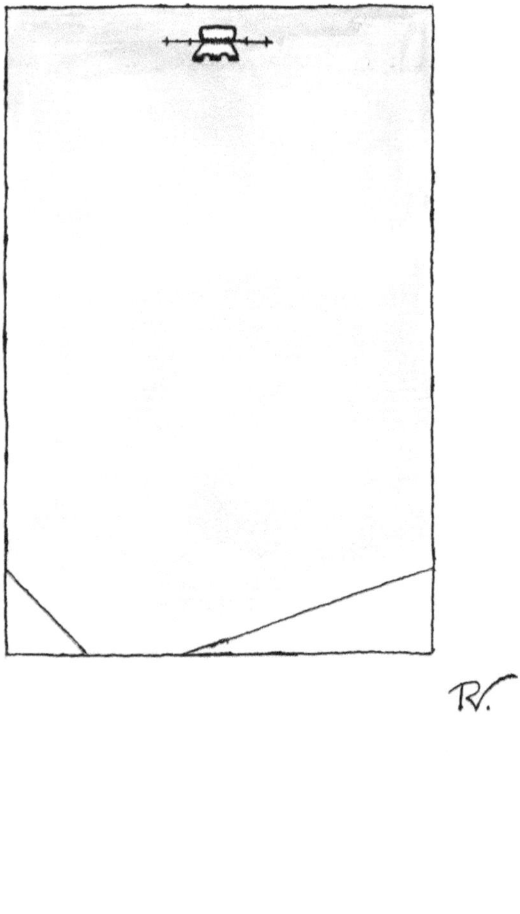

Eine Unterlage haben

Manche sagen, sie brauchen ohne Frage,
fürs Trinken[1] eine “Unterlage“[2].
Ich hab viele Zettel beschrieben, nicht beschmutzt,
indem ich eine Unterlage hab benutzt.
Denn ohne nützt das Schreiben nix,
das ist fix.

[1]) übermäßigen Alkoholkonsum

[2]) vorher genug Essen

„Nutzt nix?“[1]

Wenn’s nix nutzt
dann war’s „umsonst“.
Schaust jetzt vielleicht verdutzt.
Aber, wånnst[2]
es für die Fisch‘ oder auch die Katze machst,
auch wenn du jetzt darüber lachst,
dann hast du es für diese Tiere wohl getan,
sei gesagt noch hintenan.

[1]) „Es nützt nix“ wird oft gesagt und fast keiner hat sich je gefragt wie viel Sinn in diesem Spruch auch drin.

[2]) Mundart für „wenn du“

Eine Henne ohne Hahn

Eine Henne ohne Hahn
ist wie eine Schwänin ohne Schwan,
wie eine Frau ohne Mann,
wie eine Hündin ohne Hund.
Manche denken sich „Na und?“
So sollst du hier gleich weiterlesen
und du erkennst den Sinn in jedem Wesen.
Eine Spätzin ohne Spatz
ist kein großer Schatz.
Ein Eber ohne Schwein
das soll und darf nicht sein.
Ein Hengst ohne Stute
ist wie ein Truthahn ohne Pute,
wie ein Erpel ohne Ente.
Hiermit ist der Reim auch fast am Ende.
Denn Ente und Erpel gut
alles gut.

Einen Vogel haben

Manche sagen, dass ich einen Vogel habe.
Obwohl ich Wenige kenne mit dieser Gabe.
Bei mir sind es jetzt zwei[1]
oder auch bald mehr als drei.

[1]) im August 2022 eine Lauf-Ente & -Erpel bekommen

Die Schwalbe

Mit Fußball hat die nix zu tun.
So darf diese Benennung dort auch künftig ruh'n.

Mit Freunden

Mit Freunden in der Sauna schwitzen,
während andere vorm Fernseher sitzen,
sich währenddessen oft besaufen
und schauen, wie 22 einem Ball nachlaufen.
Keinen Plan vom eigenen Leben,
da sie an der Glotze „kleben“.
Vom Sinn für die Natur
fehlt oft jede Spur.
Und die Moral von der Geschicht‘:
Ideen & Freunde hat man, oder nicht.

Der Seele etwas Gutes tun

Willst du deiner Seele etwas Gutes tun,
lass Radio und Fernseher für immer ruh'n.
Neid, Leid und viele Lügen,
und Nachrichten womit sie dich betrügen.
Ich kann mir viel Geld, Zeit und Ärger ersparen,
und zu meinen Freunden fahren,
oder eine Runde Gleitschirmfliegen,
wenn ich lasse Senderkanäle „links liegen“[1].
Das mach‘ ich nun seit mehr als 7 Jahren.
Die GIS/OBS kann ich mir sparen.
So schau‘ und hör‘ ich was ich selber mag,
auch heute und an and'rem Tag.

[1]) Bedeutung hier: bei Seite lassen - oder nicht schauen

Jeden Tag

Am Liebsten geh‘ ich ohne langes Warten
in der Früh gleich in den Garten.
Auch bei Regenwetter,
denn,
es ist gesünder und viel netter,
wenn,
mit bestem Gewissen
ich genieß‘ vom Garten jeden Bissen.

Barfußrunde in früher Stunde

Wenn ich in der Früh aufsteh,
auch bei 15 Zentimeter Schnee
fast täglich eine Barfußrunde geh,
bin ich stets mit der Natur verbunden
und hab das Glück in mir gefunden.

Der Fortschritt

Ideen, Neuigkeiten, Machenschaften
und technische Errungenschaften
führen uns weit fort
von unserem eigenen Ort.
Und auch von der Natur
fehlt da und dort
fast jede Spur.
Ich nenne es beim Wort,
schreite selten fort,
bleib lieber daheim im Garten
bei unzähligen Pflanzenarten
und bei Sonnenschein[1]
da ist es fein,
so soll es sein.
Auch die Kinder[2]
schicke ich zum Essen nicht zum Inder,
zum McDonald oder zum Chinesen,
denn vom Garten ist alles frisch gewesen.

[1]) Ich nenn‘ es lieber Sonnenlicht, und auch Regen mag ich, andere nicht.

[2]) meiner Geschwister; habe selber (2025) noch keine eigene Familie

Mäcki[1]

So manche Mäcki-Fresser
sind schlimmer als Bettnässer.
Werfen Tüten auf die Straße,
bräuchten dringend mal eins auf die Nase.[2]
Von Achtung für Umwelt und Natur
fehlt bei solchen jede Spur.
Wenn die Schuld an der Misere
eine andere wäre
als das Essen,
so habe ich es nicht vergessen,
könnte die Ursache auch daheim
bei der Erziehung sein.
Oder noch wilder,
die schlimmen "Vorbilder"[3].

[1]) McDonald

[2]) soll kein Aufruf zur Gewalt sein; war nur passend für den Reim

[3]) jene die es wagen und Tüten schmeissen aus dem Wagen

Bilder mit Buchempfehlung

Das ©[1] ist hier gedacht,
damit nicht ohne Erlaubnis Vervielfältigungen gemacht.
Willst du Bilder von den Reimen schicken,
sodass auch Andere diese erblicken,
schreib bitte bei dem Bild im Nu
den Autor und den Buchtitel dazu
dann brichst du kein Tabu.
Zudem freue ich mich als Werterhebung
über eine Buchempfehlung.

[1]) © = copyright bzw. Kopierrecht

Das beste Buch aller Zeiten

Das beste Buch aller Zeiten
hat keine Seiten.
Hat auch keine Schrift oder Buchstaben,
es sind die Natur-Gaben:
Wohlriechende Luft,
eine frische Brise Blütenduft.
Viele bunte, schöne Farben
und am Körper manche Narben,
erzählen mit viel Schwung
von bleibender Erinnerung.
Die Natur ist unser schönstes Buch,
verändert Farben besser als ein Zaubertuch.
Wenn wir es nach unseren Wünschen kreieren,
brauchen wir uns am Lebensende nicht genieren.
Alles was wir mit Liebe zum Leben erwachen
ist besser als hunderttausend künstliche Spielsachen.
Jede Pflanze, jeder Baum, gepflanzt zur Lebenszeit,
ein Stückchen für die Ewigkeit.

Ein weiser Mann

Es war einmal ein weiser Mann[1]
der für seine Sprüche Anerkennung bekam.
Diese zeugten die Verbindung zur Natur
in welcher spielt das Leben pur.
Wer Bäume setzt
obwohl mit dem Gedanken „benetzt“[2],
dass er nie in ihrem Schatten sitzt,
auch wenn er beim Pflanzen der Bäume schwitzt,
hat begonnen den Sinn des Lebens hier begreifen[3],
es sind nicht quietschend laute Reifen.
„Dumme rennen[4], Kluge warten,
Weise gehen in den Garten.“

[1]) Rabindranath Tagore: für viele Zitate über Natur und Garten bekannt, wie die beiden in diesem Reim

[2]) obwohl er weis ...

[3]) „begreifen“ hier wortwörtlich, da es auch das Angreifen der Bäume/Setzlinge erfordert!

[4]) oder fahren “Rennen“

Rasen ist tödlich?

Ich und auch noch andere Wesen
haben mal auf Schildern gelesen,
dass Rasen tödlich wäre.
Wobei ich hiermit kläre:
Wenn dem so sei
wär mein Leben längst vorbei.
Denn ich hab schon öfter Rasen
oder auch 'nen Teil vom Wasen[1]
einfach mal gegessen.
Hab's bis heute nicht vergessen,
dass auch Rasen kann man essen.

[1]) bedeutet hier in Tirol „ausgestochener Rasenteil"

Formel 1

Wir starten ohne Warten
mit der Formel 1.
Egal ob Köln, ob Mainz:
Die Formel 1 die ist nicht schwer,
auch wenn es ist schon lange her
wir gelernt mit Kinderspiel
1+1 das ist nicht viel.
Dies ganz klar
bei fast allen die erste Formel war.

„Der Schulstress“ oder „4 gewinnt“

Schon früh am Morgen: „Aufgewacht!“
Alles and’re als gelacht.
Mit Plagen, Quälen und sogleich gestresst:
„Ach, heute ist ja Test!“
In der Schule nicht gut aufgepasst,
mehr als die Hälfte dort verpasst.
So sitzt er nun mit Heft im Bus,
weil er noch so viel lernen muss.
Doch zum Glück ist’s gleich vorbei,
auch wenn der Test nicht Einerlei.
Die Note sei noch hier geschrieben,
es ist bei einer 4 geblieben.
Die 4 ist genügend[1], also gut genug.
Du bist ja auch recht klug.
Gut genug ist auch so viel wie gut.
Also eine 2 für’s Herz, wem’s besser tut.
Das Schöne daran ist, dass du es nicht vergisst:
Du hast nicht alle Zeit im Leben,
bleib Nicht so an den Noten kleben.
Es gibt viel schön’res noch im Leben,
als stundenlanges Sitzen, Streben.
Zum Beispiel im Garten bei der Arbeit schwitzen
und dabei etwas witzen.
Aber kein Witz und auch kein Geld der Welt

---

[1]) Schulnoten in Österreich: 5 = nicht genügend; 4 = genügend; 3 = befriedigend; 2 = gut; 1 = sehr gut

würd‘ ändern, wenn mir einer fehlt:
Der Mensch zum Leben mir ist wohl bestimmt,
und auch diesen Reim vernimmt.
Und wenn aus 2 dann 4 geworden
so ist dies wohl ein großer Orden.
Sei besinnt,
nicht nur in der Schule: „4 gewinnt!“

Lesungen in Schulen[1]

Lesungen in Schulen mach ich gerne,
weil manchmal ICH auch dabei noch was lerne.
Und bevor ich es vergess:
Das ganze Leben ist ein Lernprozess.

[1]) Zur Info die Kontakt-Adresse: info@sebastianvompillersee.at

Die Schule und die Massen

Menschen werden geschult in Klassen.
Denn so lassen
sich besser steuern Massen.
Schon Gustave LeBon,
nicht von Bonn,
wusste wie man viele Menschen lenkt,
auch wenn sich Einzelner was and'res denkt.
Denn Einer ist nicht gern allein.
So will er lieber mit anderen sein.
Über Schule, Medien und Parteien
die Menschen leichter lenkbar seien.
Im Buch „Psychologie der Massen“ beschrieben
und als historisches Werk erhalten geblieben.

Beschreiben

Der Ursprung vom „Beschreiben"
kommt von etwas reiben.
Meist mit Kuli, Zettel oder Stift,
mit denen kommt auf Papier die Schrift.
Viele sagen, dass sie etwas beschreiben,
obwohl sie gar nix schreiben.
Eher, dass sie etwas erzählen[1] oder erklären
und so das Wissen auch vermehren.

[1]) erzählen: vom Ursprung einer Aufzählung mittels Zahlen

Kuli-narisch

Hoffentlich erkennst du den Sinn:
Ich würd Nicht sagen, dass ich Kuli-narisch bin.
Und doch habe ich nach Belieben
mit Kuli oft auf Zettel geschrieben.

Verzettelt

Ich hab fast alles erst mal auf Papier geschrieben.
Auch wenn ich
mich
oftmals dann gefragt: „Wo ist denn was geblieben?“
So ist mir lieber wenn ich mich
verzettel dran.
Dann kann, auch irgendwann
der Strom oder der Akku aus,
womit ich mir mach gar nix draus.

Strompreise

Die Strompreise explodieren.
Wie können wir die Kosten reduzieren?
Vielleicht einfach mal in der Nacht
das Licht von Laternen und Aussenbeleuchtung ausgemacht.
Dies hat gleich doppelten Nutzen,
weil wir somit nicht die Pracht der Nacht
mit künstlichem Licht beschmutzen.

Unterm Sternenzelt

Draussen unterm Sternenzelt
vom Mond erhellt
die Nacht
verbracht.
Geseh‘n die Pracht
von mehr als 100 Sternschnuppen
sind weit schöner als Schminke oder Barbiepuppen.
Ich will hier noch nicht stoppen,
denn Eines kann das auch noch toppen.
Werd‘s nicht vergessen,
am Liebsten währenddessen
neben dir gelegen oder gesessen.

Holde Maid

Holde Maid, soll ich dich meiden?
Wann werde ich mal von dir scheiden?
Die Idee von beiden Sätzen nun gehört[1]
ist etwas das mich heute stört.
Bei Maiden[2] ist der Ursprung Maid,
etwas das ich nicht mehr meid‘,
auch mit keinem Eid.
Beim Wort „scheiden“
das Viele in eine Mehrzahl „kleiden“[3]
ist der Ursprung dort
von dem Wort
dann fort.
Wenn ich es richtig sehe
auch den Sinn darin verstehe.
In diesem Sinne, sei so gscheid[4]
und nutz‘ die Worte „Holde Maid“.

[1]) oder auch gelesen
[2]) die Mehrzahl von „Maid“
[3]) bei dem sie an die Mehrzahl eines Körperteils (Scheide-Scheiden) denken
[4]) weise

Eine Frau

Eine Frau die reicht mir schon,
egal wie hoch ihr Monatslohn.
Hat funkelnde Augen und strahlendes Gesicht,
mehr brauch ich nicht.

Make-up

Ich hab 'ne Zeit erlebt,
da Frauen Poren zugeklebt.
Mit Make-up, Puder, Lippenstift
und auch noch mit and'rem Gift.
„Make-up" heißt „aufmachen".
Wobei die Damen hier was drauf machen
und somit zum großen Schrecken
die Poren ja bedecken,
das größte Atmungsorgan schließen
und sich manchmal auch „begießen"[1].
Ich hab's nicht gern,
drum an solch' Frauen, bleibt mir fern.

[1]) mit Alkohol betrinken

Kannst du dir abschminken

Ein Spruch, recht passend hier
das sag ich dir.
Dein Make-up kannst du dir abschminken.
Der Anblick oft ein Graus,
kein Augenschmaus.
Meist ein schrecklich Duft
dann in der Luft, weil chemische Substanzen stinken.
Damen ohne Schminke haben Glück,
bringen Naturverbundenheit zurück.

Ein guter Duft

Ein guter Duft
liegt in der Luft.
Das bestätigen mir heute
sehr viele Leute
nachdem sie es riskiert,
dass sie meine Raumsprays ausprobiert.
Eine feine Mischung, zum Teil mit Zeder
mag fast jeder.[1]
Für Frauen gibt's auch was mit Rose,
das Fläschchen passt in jede Hose.

[1]) nähere Infos im Shop auf www.sebastianvompillersee.at

Der Flaschenzug

Auf dem Bild ist ohne Lug
ein echter Flaschenzug.

„Sekte, sektisch, Sekt“ oder doch „Einfach perfekt?“

Was ist eine Sekte?
Da wo Menschen gern perfekte
Bedingungen für Alles schaffen wollen
und andere oft Taten machen sollen,
die von Geburt an sind schon nicht der Wunsch.
Wo Menschen trinken lieber Wein als Punsch.
Ich bin nicht ganz so sektisch[1].
Ich nehm, auch gar nicht hektisch
sowohl Punsch, Wein als auch Sekt,
denn das Leben ist nicht nur perfekt.
Beim Sekt da kann ich einen speziellen empfehlen
ohne ihn vom Supermarkt zu stehlen.
Ein Spitzname von Sebastian ist „Wasti“
und so trink‘ ich gerne Asti.
Es muss keine teure Marke sein.
Auch der Günstige ist zum Trinken fein.
In diesem Sinne „Zum Wohl“
bei bedachten Mengen Alkohol.

[1]) „sektisch“ = „wählerisch“

Ist nicht mein Bier

Von jeder öffentlichen Brauerei
die größte „Sauerei",
dass Bill Gates und Konsorten
unterstützen diese Sorten.
Das alles ist nicht mein Bier,
so wisse hier:
Lieber kleine Privatbrauereien[1] vorm Aussterben schützen
und deren Betriebe unterstützen,
so wie „Das Bier von hier"[2].

[1]) am Besten regional

[2]) Spruch von Huber-Bier in St. Johann in Tirol

Ein Trinkspruch

Einen Trinkspruch finden ist nicht schwer,
denn es ist nicht lange her,
da wurde er
gelesen oder auch genannt
und er ist recht gut bekannt.
Ich will euch hier nicht länger quälen,
weder auf die Folter spannen,
noch eure Zeit bestehlen.
Und
so tu‘ ich kund‘
in dieser Stund‘:
„Zum Wohl, trink auch mal Alkohol.“

Auf die Folter spannen?

Ich lieg lieber in so manchen Wannen
als folgenden Satz zu hören,
wo sich künftig Viele daran stören:
„Wir möchten euch nicht länger auf die Folter spannen.“
Denn bildlich ist‘s ein großer Schreck,
so nimm den Satz vom Wortschatz weg.

Wortschwingung

Jedes Wort hat eine Grundstimmung,
eine gewisse Frequenzschwingung.
„Stolz“ gilt schon als negativ,
„Gier“ und „Neid“ ist richtig tief.
Bei „gewaltig“ ist’s noch manchen klar
und bei „Wahnsinn“ offenbar,
dass die Schwingung
dieser Worte niedrig ist,
und du es künftig nicht vergisst,
dass deine Worte auch auf die Gedanken passen
und demnach stimmig deinen Mund verlassen.

Danke dem...

Danke.
Denn am Anfang war der Gedanke,
der Geist, oder auch das Bewusstsein,
welches war einst rein.
Und zwar indem wir tun was wir auch sagen
brauchen andere nicht verzagen.
Vor dem Sprechen war das Denken
mit dem wir unser Schicksal lenken.
Geredet wird inzwischen viel,
denn Reden ist ein Kinderspiel.
Aber nur jene, die Gutes im Sinn und auch so handeln,
ihr Leben in wahres Glück verwandeln.

Mit gutem Beispiel

Wollen wir eine Veränderung auf Erden
sollen wir auch tätig werden.
Sei kein Schwätzer oder Scharlatan,
geh mit gutem Beispiel voran.

An den Taten wirst du sie erkennen

Jesus konnt‘ es schon benennen:
„An den Taten wirst du sie erkennen.“
Jene mit viel Fleiß und Elan
sind bei mir ganz vorne dran.
Andere fast nur von ihren Sitzen schalten und walten
und sich nicht an die eigenen Gesetze halten.[1,2]

[1]) Van der Bellen sitzt bei Ausgangssperre nach 0:00 Uhr noch in einer Bar

[2]) Licht ins Dunkel-Gala nach 20:00 Uhr innen mit Promis ohne Masken, trotz Ausgangssperre ab 20:00 Uhr und Maskenpflicht in Innenräumen

Gesetz & Pflicht

Geh, setz dich auf einen Stuhl.
Das Gesetz ist ein großer Sündenpfuhl.[1]
Jedes davon ist ein Sklaventum,
führt zu weiteren Beschränkungen, hemmt Wachstum.
Jede Pflicht
führt uns weg vom Licht.
So vergiss nicht:
Was du nicht willst das man dir tu',
das füg' auch keinem And'ren zu.
Kein Mensch lässt sich gern beschränken,
denn er will sein Leben selber lenken.
D'rum fasse nun auch allen Mut
und achte Gesetze und Pflichten die nicht gut[2]
von diesem Tage an nicht mehr,
denn sonst wird dein Leben leer.

[1]) ausser Naturgesetze und Gesetze für ein besseres Miteinander
[2]) für die Natur und ein gutes Miteinander

Über Anstand und Gemeinwohl

Mein Anstand:
Ich mache lieber einen Handstand.
Ich beanstande,
nur mal so am Rande,
gibt es kein Gemeinwohl.
Denn, dient es nicht dem Wohl[1],
wird es stets so sein,
ist es echt gemein.

[1]) auch deinem Wohl, und vor allem dem Wohl des Planeten

Angefressen

Ich bin, echt bemessen
angefressen.

Im Wandel der Jahreszeit

Früher lebte der Mensch im Wandel der Jahreszeit.
Das war damals auch recht „gscheit“[1].
Alles was die Natur ihm direkt bot
war für die Ernährung oberstes Gebot.
Weit hat sich der Mensch vom Naturgesetz entfernt,
hat es seit Jahrzehnten und Jahrhunderten[2] verlernt,
dass er vom eigenen Garten trinkt[3] und isst,
obwohl doch dies für uns das Beste ist.

[1]) klug
[2]) vor 4000 Jahren wurde im heidnischen Rom jedem Sklaven ein Stück Land zur Verfügung gestellt, mit Vererbungsrecht
[3]) mittels Brunnenquelle am Hof

Der Meister in dir

Ein wahrer Mentor auf Erden hier
weckt den Meister in dir.
Er macht dich unabhängig und frei,
alles andere ist Sklaverei.

Kleingärtner

Kleingärtner sind das höchste Gut auf Erden
und sollen dafür mal gelobt auch werden.
Mit ihren feinen Händen berühren sie sanft den Planeten,
egal ob beim Säen, Ernten oder Jäten.
Die Mutter Erde spürt dies gern
und jeder Mensch von Nah und Fern
bringt mit seinem Ernteertrag
sich und Mutter Erde viel Ertrag.
So braucht es weniger Maschinen
die nicht nur den Menschen dienen.
Denn eher „dient“ der Mensch hier ihnen:
Wenn diese nicht mehr funktionieren
benötigen wir kostbare Zeit zum Reparieren.
Manche Maschinen stinken, qualmen, bilden Rauch
und Ersatzteile braucht es auch,
so wie beim Fahrrad einen Schlauch.
Nur wachsen die nicht in der Natur,
vom Ursprung fehlt hier jede Spur.
Die Kleingärtner können sich vieles sparen,
brauchen nicht groß mit Maschinen fahren,
gehen ohne großes Warten
schnell mal in den Garten,
holen sich dort nah und frisch
das beste Essen auf den Tisch.
Kleingärtner genießen größte Unabhängigkeit,
da sie schon seit längerer Zeit erkannten,

dass sie weniger oft zum Einkauf „rannten“.
Der Geldbeutel bleibt länger voll,
nicht nur in Tirol.[1]
Inflation ist Kleingärtnern meist egal,
weil ausbleibt der Griff in das Regal:
Wo andere ständig kaufen müssen
geht der Kleingärtner mit Händ‘ und Füßen
zu seinen Pflanzen, Sträuchern und auch Bäumen,
von hohen Preisen könnt‘ er hier nur träumen.
Und wenn ein Kleingärtner seine Pflanzen liebt,
von denen er auch gerne Nahrung weitergibt,
so ist die Liebe im Produkt enthalten
und kann sich in die Welt entfalten.
Kleingärtner auf Erden werden nicht umsonst geehrt,
sie haben allergrößten Wert.

[1]) vor allem in Russland gibt es viele Kleingärtner die auf einem Hektar Land leben und dort ihr eigenes Essen anbauen; und es werden jährlich mehr

Ruhm & Ehre

Wehe denen, die keinen Ruhm vertragen.
An sie sollst du dich nicht sehr nahe wagen.
So rühme und ehre den, wer Ehre einfach nimmt
wenn es stimmt.
Rühme und ehre, wem Ehre gebührt,
wenn er dich gut und sicher und fair führt.

Das Himmelreich

Ich ehre den Regen
er ist unser Segen.
Ich freue mich an der Sonne
sie ist unsere Wonne.
Und beide sogleich
sind das Himmelreich.

Der Sinn von Wasser

Wer bei Regen und Schnee von „schlechtem“ Wetter spricht
der kennt den Sinn von Wasser nicht.
Denn du hast vergessen:
Du bist selbst Zweidrittel dessen.

SchlEchtes Wetter?

Viele Menschen sprechen von „schlechtem Wetter“.
Dabei wäre es viel netter
einfach anzunehmen was grad ist,
weil du dann auch glücklich bist.
Drum hilf jetzt mit und spare Energie,
das schadet wirklich nie.
Nimm die ersten 4 Buchstaben von „schlECHTES Wetter“ raus
und du machst was Wahres draus.

Kletter-Wetter

Ist es nicht zu heiß und nicht zu kalt
komm doch in den Kletterwald.[1]
Mit genug Schatten unter Bäumen,
von denen manche nur so träumen,
findest du auch an warmen, sonnigen Tagen
bei unseren Höhenlagen
ideales Kletter-Wetter.

[1]) Hochseil-Klettergarten; z.B. Hornpark in St. Johann in Tirol

Eine Schraube locker[1]

Ist beim Klettern eine Schraube[2] locker,
haut[3] es mich zwar nicht vom Hocker,
aber kommt im schlimmsten Fall
für Gäste dann der freie Fall.
Darum wird stets kontrolliert,
dass alles funktioniert.
So sind wir uns im Klaren,
können uns diesen Fall ersparen.

[1]) typischer Spruch wenn jemand im Denken nicht ganz bei Sinnen ist
[2]) die Schraube vom Sicherheitskarabiner bei Hochseilklettergärten
[3]) wirft

Flying Fox[1]

Ist es mal geschehen,
dass du einen fliegenden Fuchs gesehen?
Ich wusste nicht, dass Füchse fliegen.
Soweit ich weis sind sie meist am Boden geblieben.
Auf Deutsch nennen wir es ähnlich einer Kutsche
auch Seilrutsche.
Wenn ich ehrlich bin
macht dieser Name auch mehr Sinn.

[1]) eine Seilverbindung von Baum zu Baum; Viele nennen es auch „Zip-Line“

Ich weiß oder weis?

Ich bin nicht weiß.[1]
Und wenn ich etwas weis
wird dies bewusst mit einem „s“ geschrieben,
so ist der Unterschied erkennbar geblieben.

[1]) Europäer sind oft braun gebrannt, “laufen rot an“, sind „blau“ vom Vortag,...

Die weiße Wand

Die weiße Wand ist kühl und kalt.
So wird sie dann auch oft bemalt
oder mit anderen Dingen behangen
womit ich kann nicht viel anfangen.
Zum Beispiel dem Symbol von Leid
und das schon seit
sehr langer Zeit.
Da bin ich froh wenn ich’s nicht seh‘
und so lieber draussen steh‘.
Doch auch dort
ist fast kein Ort,
man glaubt es kaum,
ich halt mich jetzt mal hier im Zaum,
wo auf Gipfeln und auf Türmen
das Symbol trotzt allen Stürmen.

Thomas und das Paradies

Apostel Thomas schöne Schriften[1] hinterließ
vom Himmel und vom Paradies.
Als er einmal Jesus fragte,
der ihm Folgendes dann sagte:
„Wenn du denkst, dass das Königreich im Himmel wäre,
ich dir hiermit nun erkläre,
dann wären die Vögel doch eher
dem Königreich viel näher.
Wenn du denkst das Königreich ist im Meer,
so denk hier nochmal, bitte sehr.
Dann wären die Fische eher
dem Königreich doch näher.
Das Königreich ist wahrlich
um dich
und in dir,
so wie auch in mir."

[1]) apokryphe Schriften des Apostel Thomas: gefunden 1945 in einem Tonkrug in der Nähe der ägyptischen Stadt Nag Hammadi

Nicht umsonst!

Hier in meiner Fibel[1]:
Das Thomas-Evangelium[2] ist nicht umsonst NICHT in der Bibel.
Denn wäre es in der Bibel, wären die Kirche[3] und der Kirchenbeitrag umsonst.

[1]) dieses Buch mit den Illustrationen
[2]) von Manchen auch apokryphe Schriften des Thomas genannt
[3]) Reichster Verein der Erde

Der Ablasshandel

Dort wo die Seele in den Himmel springt
wenn der Taler dann im Beutel klingt.
Wo die Kirche von den Sündern
auch offiziell konnt‘ plündern.
Mittels Angst vor dem Sterben
konnte die Kirche sehr viel erben.
Hat angehäuft auch ganz viel Geld,
gilt als reichster Verein der Welt.

Weltweite Verschwörung

Es gibt neben Extremisten auch Fanatiker
und unzählige Verschwörungstheoretiker.
Ich brauch mich von dem Wort nicht distanzieren,
mich kann damit niemand diffamieren.
So erkannte ich, dass es etwas Gutes ist
wenn du auch am Hinterfragen bist.
Wenn nicht jeder Alles als wahrhaftig nimmt
weis er dann auch ob es stimmt.
Viele Kritiker lassen sich schon mundtot machen
da Andere über Solche[1] lachen.
Und dabei leben sie selber zur großen Empörung
eine weltweite Verschwörung.
Denn
wenn
Kindern eine Lüge[2] aufgetischt
und Spuren dann verwischt,
haben sich die Beteiligten ganz ungeschoren
gegen die eigenen Kinder verschworen.
Wenn die Kinder dann ihr Vertrauen in die Eltern verlieren,
beginnen theoretisieren und realisieren,
dass es Dieses oder Jenes[3] gar nicht gibt,
heißt es dann: „Weil man die Kinder liebt
hat man euch nur Gutes gewollt,
worauf ihr Kinder nun nicht böse sein sollt."
Doch wer wirklich will, dass Kinder nicht lügen,

---

[1]) Verschwörungstheoretiker

[2]) Christkind, Weihnachtsmann, Osterhase, Nikolaus etc.

[3]) Christkind, etc.

sollte auch seine Eigenen nicht betrügen.
Deswegen hier aus meiner Sicht:
Ich brauch diese ganzen Verschwörungen[4] nicht.
Es dient, für die Wirtschaft nicht dumm
mehr dem Konsum.
Darum reicht mir, als Erinnerung, dass es Jesu gab
und gefunden wurde leer sein Grab.
Dieses Denken halte ich in Ehren,
es lässt sich auch von euch vermehren.

[4]) gegen die eigenen Kinder und Verwandten etc.; aber auch andere Verschwörungen

Konsumfeste

Für die Wirtschaft das Beste
sind viele Konsumfeste.
So gibt's wohl wahr
das ganze Jahr
fast jeden Monat einen Grund zum Feiern,
im Frühjahr den mit bunten Eiern.
Im Mai und Juni[1] „Elterntag",
den lieber diese Wirtschaft mag
als so mancher Elternteil.
Weil,

[1]) Muttertag im Mai und Vatertag im Juni in Österreich

es gibt noch Menschen mit wahren Werten im Leben,
die nicht an materiellen Dingen kleben
oder auch nach Reichtum streben.
Die sich auch dafür bekennen,
die möcht ich auch gern Freunde nennen.
Bei manch' Anderen im Sommer dann in Saus und Braus
das Geld fliegt jetzt „beim Fenster raus"
für Urlaub und Entspannung,
von einem Fleckchen Paradies daheim noch keine Ahnung.
Im September massenweise für den Schulbedarf,
nicht weil das Kind zur Schule darf,
Nein, weil sie müssen.
Die Schulpflicht lässt hier "freundlich" grüßen.
Der Oktober dann im Zeichen von Grusel
und sinnlosem „Herumgewusel"
von lauter kleinen Monstern dort im Finstern:
Enthalten nichts vom eigentlichen Kern,
dem Gedenken an die Ahnen,
die früher wenigstens 3 Tage Anerkennung bekamen.
Die Kinder sichtlich froh
vom Krampus und vom Nikolo.
Gefragt ob sie auch brav und lieb
sonst gibt es einen Seitenhieb.
Die Kleinen meist im Geiste rein
sollen stets auch artig sein.
Und unvergessen,
werden je nach Folgsamkeit die Geschenke bemessen
mittels Erpressen.
Es heißt sehr oft „du sollst nicht lügen",

wobei die Eltern selber hier betrügen.
Gekauft wird wie verrückt,
die Kinder mit Geschenken beglückt,
sonst sind sie ganz bedrückt
und wahrlich nicht entzückt.
Als Wunsch
auch nicht gern Punsch,
mal lieber Glühwein,
denn die Kleinen wollen auch erwachsen sein.
Den Weihnachtsmann gibt's schon fast das ganze Jahr,
vielleicht weil der so lang vom Wein betrunken war.
Das Christkind oder Jesukind kaum noch bekannt,
so wird es wenigstens hier mal kurz genannt.
An Silvester Millionen für Raketen,
aber nicht für den Planeten.
Dann gibt es noch den Tag der Liebe,
wo Viele leben lieber Triebe
von fleischlicher Lust,
welche bringt am Ende Frust.
Mir reichen nette Gesten und Aufmerksamkeiten,
schöne Erinnerungen und angenehme Zärtlichkeiten.

Mein Reichtum

Geld ist mir nicht wichtig,
ich würd nicht sagen Null und Nichtig.
Meinen Reichtum konnt‘ ich starten
mit ‘nem schönen Garten.
Ich brauch‘ keine schicken Klamotten
oder schnelle Autos zum Protzen.
Das eine fressen die Motten,
das and’re find ich zum Kotzen.
Ständige Aufmerksamkeit von Aussen brauch ich nicht,
auf sowas bin ich nicht erpicht.
Ich will auch nicht andere schikanieren oder diktieren,
und auch über niemanden herrschen.
Am besten ist, sich selbst beherrschen.
Nicht zwingend durch Gehorsamkeit,
eher mit wenig Faulheit und guter Essgewohnheit.
Und zur Förderung der Gesundheit
keine Drogen[1]
kann ich nur loben, nicht gelogen.
Dann brauchst du keine Ärzte mehr,
was willst du mehr denn, bitte sehr.
Ich erkannte meinen wahren Wert in mir,
suche keine Bestätigung von dir.
Manche Menschen, noch bei Sinnen
wissen, wahrer Reichtum kommt von Innen.

[1]) Alkohol, Nikotin etc.

Das Gendern

Das Gendern ist ein heikles Thema.
Hier mal nur ein kleines Schema:
Die Arbeiter:Innen
Sind jetzt die Arbeiter innen?
Also innen drinnen?
Oder soll ich mir das anders zusammenspinnen?
Mich überkommt der erste Frust.
Zum Schreiben hab ich keine Lust.
Wenn es wird recht kompliziert
so schreibe ich hier ungeniert,
dass Vieles wieder einfach wird:
Denn auch Artikel sind weiblich, männlich, sachlich,
somit weis ich:
„Die Arbeiter" reicht, wenn sie sind vermischt,
ich habe damit Alle erwischt.
Denn vorne: ein Artikel förmlich, weiblich
Hinten: männlich, fachlich, sachlich
Wenn nun alle davon weiblich sind
„Die Arbeiterinnen" passt bestimmt.
Mit diesem Wissen wird sich das Gendern
auch wieder zum Guten verändern.

„Hört, hört" oder dann doch empört

Alles hier hat großen Nutzen.
So manch' gedachte Reinheit werd ich hier beschmutzen.
Ihr könnt mit „hört, hört" die Aufmerksamkeit zum „Vorlesen" erregen.
Für Manche ist es auch ein Segen,
wenn diese Zeilen laut verlesen.
Denn das leise Wesen
ist nicht immer gut gewesen.[1]
So sagt es laut, wenn's auch empört,
solange es hier niemand' stört.

[1]) frei nach dem Motto: „Wenn immer der Klügere nachgibt/nichts sagt, wird die Welt bald/oder jetzt schon? von Deppen regiert."

Oida[1]

Wenn ich höre junge Leute sprechen
kommt mir manchmal fast das Brechen.
Nicht so beim Gaßoida[2],
aber beim Worte „Oida“[1].
Wenn Jugendliche untereinander sich so nennen
frag‘ ich mich ob die den Sinn noch kennen
von dem was ihren Mund verlässt
und somit bleibenden Eindruck hinterlässt.
Wenn du den Sinn nicht kennst
vom Wort das du benennst
welches deinen Mund verlässt
ist besser wenn du Sprechen lässt.
Beginne ERST mit Denken DANN mit Sprechen
dann kommt mir nicht so leicht das Brechen.

[1]) auf Hochdeutsch „Alter“ oder auch oft gehört: „Hey Alter“
[2]) ein Schnapsbrenner von der Region

Junger Tiroler

Manchmal hör ich Menschen „Alter Schwede“ sagen.
Meine Antwort: „Junger Tiroler“, ohne Klagen.
Ich mich selbst lieber als „Lichtwesen“ oder „Mensch“ benenne
und somit meinen Ursprung kenne.
Damit fallen Konventionen[1],
die Vorurteile meist verschonen.

[1]) Denkmuster, wie sogenanntes „Kirchturmdenken“: wenn du hier wohnst, sollst du auch alles hier machen, Musik etc., sonst bist du ein Verräter/ Aussätziger,... - Als „Mensch“ bin ich kein „Nuaracher“ (Ortsname), „Tiroler“ oder „Österreicher“, denn Menschen sind wir alle und schaffen so ein Miteinander.

Vorurteile

Das Wissen und den Schrecken über Vorurteile
ich hier gerne teile.
Denn meistens habe ich nach bestem Gewissen
die Vorurteile über andere „weggeschmissen“.
Ich bin nicht vorab grob und wild
und mach mir lieber selbst ein „Bild“
von den Menschen, die mich im Leben
erst später umgeben.
So sage ich bei Vorurteilen gedanklich „Nein“
und falle nicht darauf herein,
dass ich einen Menschen,
ganz verkehrt,
bevor ich ihn kenne, schlecht bewert‘.

Der Ursprung vom „Vorwurf“

Der Wortursprung ist nicht sehr schwer
auch wenn es ist schon lange her.
Denn vor dem Steinewurf
kam der “Vorwurf“
mit großer Klage
über die Lebenslage[1]
einer Frau.
Und danach wurde es fast rau.
Denn die Kläger wollten sie[2] peinigen
und fast schon steinigen.
Zum großen Glück
kam vorher eine Antwort an die Kläger zurück.
Ich verkünde:
„Der Mensch ohne Sünde
werfe den ersten Stein,
oder lässt es nun für immer sein.“

[1]) „Lebenslage“ hier gut passend, da sie schon halb auf dem Boden lag

[2]) Maria Magdalena

Sein oder Schein?

Ist es sein oder ist es ihr Schein?
Oder war es nur das Bein
das ihn schmerzte?
Worauf sie dann beherzte
Taten vollbrachte
und er an Schmerz nicht lange dachte.
Der Sinn von diesem Reim, wird wohl wahr
erst im Nächsten dann so richtig klar.

3 Worte zur baren Münze

Je nachdem von wo du mit dem Lesen beginnst,
du einen anderen Sinn vernimmst.
Scheinbar, Bargeld, Geldschein.
Bald wird der wahre Wert der Münzen[1] sein.
Es heißt nicht umsonst: „Der Schein trügt“,
da meistens irgendeiner lügt.
Es heißt auch „Nur Bares
ist Wahres.“
So sei dir nun bewusst
was du an jeder Kassa tust:
Bezahle mit Münzen und vorerst noch mit Schein.
Denn so soll es von Natur aus sein.
Sonst hast du die „Arschkarte“[2] gezogen.
Du hast dich damit selbst betrogen.

[1]) Silbermünzen und auch Gold

[2]) hier in zweierlei Bedeutung: Plastikkarte zum Bezahlen & schlechte Wahl gemacht

Die Arschkarte

Meist nicht für eines Teams Entzücken,
wenn Schiedsrichter die Arschkarte zücken.[1]
So ist dieser danach nicht beliebt,
vor allem wenn das Team dann nicht mehr siegt.
Darum wird die Arschkarte, nicht gelogen,
auch nicht gern gezogen.

[1]) Traditionell tragen/trugen Schiedsrichter die Rote Karte hinten in der Hose „am Arsch“

Arsch frisst Hose

Ein neuer Trend,
wenn ihr ihn noch nicht kennt:
„Arsch frisst Hose“,
weil Frauen gern in Pose
wo ich dann mehr vom Po seh.
Und
was ich davon halte:
Davon halte ich
den Mund.

Leck

„Leck mich am Arsch.“
Ein Satz, der kommt recht oft und barsch.
Die Wenigsten wissen dabei was sie sagen.
Sie würden es sonst nicht mehr wagen.
Wenn Männer heiteren Gemüts bei diesem Satz
dann machst du besser, schnell, viel Platz.
Ausser du bist auch so drauf
dann lass der Sache ihren Lauf.

Der Ski-Rennläufer

Was ist ein Ski-Rennläufer?
Ein, nach dem Rennen Champus-Säufer?
Was, wenn die nicht mal rennen oder laufen?
Lieber sich besaufen?
Wo ist der zweite Durchgang oder Lauf?[1]
Ich geb‘ noch einen drauf:
Will nur mit jenen das Glas erheben,
welche WettKAMPF, WettSTREIT und Wettlauf
nehmen auch aus ihrem Leben.
Jenen will ich viel Beachtung geben.

[1]) Die Worte Ski-Rennen, Riesentor-LAUF, 1. & 2. DurchGANG/LAUF haben alle mit „Gehen“ oder „Laufen“ zu tun und nichts mit dem Wort Ski-FAHREN

Das Hahnenkammrennen

Wenn 2 Hähne um einen Kamm rennen
dann ist es ein Hahnenkammrennen.

Die Mausefalle

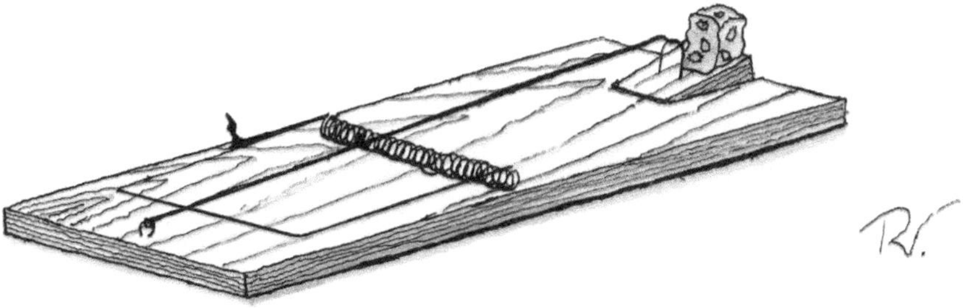

Die Feder aufgespannt zur Schnalle
und fertig ist die Mausefalle.
Gibst du Käse dort als Futter rein
kommt mit Glück alsbald ein Fang hinein.
Alle anderen Sachen[1]
haben ohne Lachen
so manchen Skifahrer gequält
und den Namen weit verfehlt.
Wer lebt in solchen Sphären
und kann mir erklären
warum beim Skifahren ein Sprung auch „Mausefalle“ wird genannt?
Ich hab den Sinn darin noch nicht erkannt.
Mit der Mausefalle fang ich eine Maus.
Egal ob in oder ausser Haus.
Der Mensch verwirrt sich sprachlich nur,
von Klarheit fehlt hier jede Spur.
So hab ich‘s mir zum Ziel gemacht,
dass Klarheit wird zurückgebracht.

[1]) eine „Mausefalle“ beim Skifahren in Kitzbühel

Aus die Maus!

Mit einer Maus ist's aus.[1]
Die kommt dann raus
und die nächste gleich ins Haus.
Und das „Spiel“ dauert solange an
bis dann
Nahrungsmittel gut verpackt oder entfernt,
so hast du wieder was gelernt.
Erst dann ist wirklich „Aus die Maus“
in jedem Haus.

[1]) Maus in der Mausefalle

Alles Käse[1]

Wenn die Bauern nicht mehr käsen
kann die Milch schon mal verwesen.
Manche Milch und nicht der Bauer
wird schnell sauer
wenn keiner kann sie bei ihm holen,
auch wenn es wurd‘ befohlen.
Denn manchmal zeigt uns Gewalt von der Natur:
Mensch, ach kehre nur
zum Ursprung retour.
Es sei die Milch zum Käs‘ genutzt
bevor die Felder dann mit saurer Milch beschmutzt.

[1]) typischer Spruch hier in der Region im Sinne von „Nichts Gutes“, „Nicht clever“

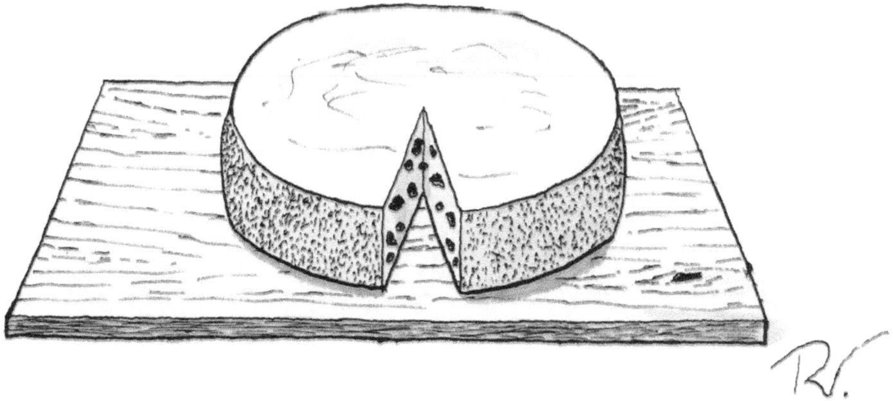

Der Alltag

Was ist der Alltag?
Oder wann? - ich hier nun frag‘.
Ist es ein Tag im All?
Oder einer ohne Fall?
Und was ist auf die Schnelle:
„Auf alle Fälle“?
Jeder Tag ist Einer von Allen,
ob mit oder auch ohne Fallen.
Somit kann’s den Alltag auch nicht geben,
denn jeder Tag ist Einer von Vielen im Leben.

Auf alle Fälle

Wer oder was
ist „auf alle Fälle“?
Wer weis das
auf die Schnelle?
Ein Fall ist runter.
Was ist dann oben drauf?
Bist du schon munter?
Kommst du selbst darauf?
Ich weis es nicht.
Vielleicht bringst du’s ans Tageslicht,
die Antwort auf die Fragen:
Wer und was „auf alle Fälle“ ist?
Und kannst es mir dann sagen,
damit es keiner mehr vergisst.

Vergessen

Die meisten Menschen haben vergessen,
dass, sie denken beim Essen, auch ans Essen.
Sie sind Nicht präsent
im aktuellen Moment.[1]
So kommt es auch,
dass dann der Bauch,
so wie beim Essen,
hat verarbeiten[2] vergessen.
Mit Präsenz und gutem Kauen
kannst du das Essen besser verdauen.

[1]) nehmen Geschmack & Geruch nicht mehr wahr, da in Gedanken woanders
[2]) „verarbeiten" von mir auch gerne so geschrieben oder gedacht: „fair-arbeiten"

Essen in aller Munde

Der beste Ernährungsberater
ist nicht dein Vater.
Sei dir bewusst
wie du beim Essen künftig tust:
Was du nimmst in deinen Mund
und auch noch in welcher Stund'
das kann dir nur dein Körper sagen,
da sollst du niemand and'ren fragen.

Abgelenkt

Abgelenkt durch die technokratische Welt
wurden wir von der Natur entstellt.
So kam es dann,
dass uns gesagt wurde wann
die Zeit zum Essen ist.
Nämlich dann
wenn eine Pause ist.
Meistens zwischen Zwölf und Eins
in Bonn und auch in Mainz.
Aber auch an anderem Ort
kam der Mensch vom Ursprung fort.
Der Körper gibt dir das Signal,
höre darauf allemal.
Das Gefühl von Hunger und auch Durst
gestillt am besten ohne Wurst.
Trinke Wasser von einer Quelle[1]
sag ich dir nun auf die Schnelle.
Wenn du auch im Garten bist
dann weis dein Körper was er gerne isst.
Denn dort ist alles frisch und nah
so wie es einst im Paradiese war.

[1]) Am besten von einem Brunnen auf dem eigenen Grundstück/Landsitz

Nah und frisch

So heißt eine Supermarktkette[1]
und ich darauf verwette,
dass diese nicht mehr lange existiert,
da sie den Sinn schon lang verliert.
Von „nah" ist vieles weit entfernt,
denn Viele haben längst verlernt,
dass „Nahes" von der Umgebung kommt
und bei uns dann ist recht prompt.
So zum Beispiel frisch,
selbst gefangener Fisch.
Und im grünen Garten
brauchst du auf Frisches auch nicht warten.
Da ist alles nah und frisch,
muss nicht mal sein ein Fisch.
Denn das beste Wohl für die Ernährung
kauft man nicht, mit keiner Währung.
Dies sind keine Gerüchte:
Am gesündesten sind frische Früchte[2].

[1]) im Jahre 2025 gibt es noch knapp 400 Filialen in Österreich

[2]) auch Tomaten und Gurken werden als Früchte gezählt. Und generell gilt: Alles was frisch vom Garten (oder von Pflanzen und Kräutern im Haus) kommt, dient am Besten der Ernährung und Gesundheit.

Die besten Äpfel

Die besten Äpfel kommen frisch vom Baum,
sind nicht gelagert in 'nem Raum.
Wenn in zwei Hälften gespalten
kannst du nach kurzer Zeit erkennen, ob sie denn als frisch auch galten.
Du brauchst nur schau'n
ob sie auch schnell braun.
Wenn dem so ist,
dann weist du, dass du frische Lebensmittel isst.

Nachhaltige Nahrungsmittel

Wer langfristige Nahrungsmittel produziert[1]
hat nachhaltig in die Zukunft investiert
und bleibendes Leben generiert.

[1]) mittels Obststräuchern und Obstbäumen

Aronia

Ich ehre und vermehre
die Aroniabeere.
Mache auch Likör daraus,
mit Pfefferminz ein Gaumenschmaus.

Das Bier

Manche mögen gerne Bier
und das nicht erst um Vier.
Gehörst du auch zu jenen hier
so schreib' und sag' ich dir:
Am besten sei,
kauf' und trinke jenes einer Privatbrauerei.
Oder in Sachen - Selbermachen,
probier
das auch beim Bier.

Boden seh

Wie tut mir denn mein Herz so weh
wenn ich vom Glas den Boden seh.
Drum fülle auf was ist geleert,
alles andere wär verkehrt.

Trinkspruch zu spät?

Obwohl ihr schon getrunken,
was weder gelogen noch erstunken,
ich euch wünsch‘ „Zum Wohle,
mit jedem Tropfen Alkohole.“

Das Besäufnis

Ich frag mich wieso Manche sich besaufen,
so vorm eig‘nen Leben gern weglaufen.
Vielleicht sind sie nicht sehr oft entspannt
und haben Lebenssinn noch nicht erkannt.
Mir wär’n Gesundheit, Geld und Zeit zu schade
drum sag ich von dem „Brauch“ ade[1].

[1]) ein anderes Wort für „Tschüss“ oder „Adieu“

Die Zeit

Die Zeit ist wie eine Vase,
wie ein Behälter mit viel Platz,
und das Leben eine Phase
für so manchen Schatz.
Willst du wirklich glücklich sein
gib nur wahre Schätze rein.

Ein Schatz

Ein wahrer Schatz
ist kein Ort und auch kein Platz,
ist fern von Material,
bleibt auch nicht in Hallen oder einem Saal,
wird von klugen Menschen niemals preisgegeben
denn das Leben
und die Ruhe dort
sind sonst fort,
und somit der Schatz
dann nicht mehr an diesem Platz.
Es sind hilfsbereite Menschen mit ihren liebevollen Gesten
welche auch niemals verwesten.
Willst du einen Schatz bewahren
sei dir nun im Klaren
und erzähle nicht zu viel davon.
Denn sonst wird es wie in Venedig:
Durch Massentourismus gesteuert, überteuert, geschädigt.

DER Urlaub oder DAS?

Ich habe keinen Tick,
bin Meister der Grammatik.
So heißt es richtig,
aber nicht so wichtig,
verkündet mit Verlaub:
„DAS Urlaub".
Den Ursprung davon wirst du gleich erkennen,
ich werd's im nächsten Reim benennen.

Das Laubhüttenfest

Dieses ist im Jahreskreislauf integriert,
so sei hier bitte nicht geniert
wenn mit diesem Wissen
viele falsche Gerüchte werden weggeschmissen.[1]
Erlaub,
ich verkünde mit Verlaub,
und dies ist nichts was ich nur glaub:
Jesus wurde geboren zur Zeit des Festes um das Laub.[2]
Dies ist sprachlich auch im GLauben,
im ErLauben und im UrLauben.
Der Urlaub, auf Englisch auch der „holiday“[3]
wo Maria und Josef mussten geh‘n away[4].
Da beinah keiner gLaubte ihnen nicht
vom unbefleckt empfangenen Sohn die G’schicht.
So weist du nun wann die Geburt von Jesu war,
ich schreib’s noch, so wird‘s allen klar:
Es war der 22. September,
ein Tag zur Erinnerung, auf Englisch „remember“.

[1]) falsche „Tatsachen“ und damit einhergehende Bräuche entfernt
[2]) Laubhüttenfest, früher gefeiert zur Tag- und Nachtgleiche im Herbst um den 22. September bei beginnendem fallendem Laub
[3]) früher auch holyday, gleichbedeutend mit „Heiliger Tag“
[4]) „away“ vom Englischen, wörtlich präzise übersetzt „a way“ = einen Weg gehen

Maria Empfängnis

Am 8. Dezember feiern Christen Maria Empfängnis.
Ist an diesem Tag auch die Empfängnis von Maria[1] gewiss?
Was, wenn es die Empfängnis vom Kinde der Maria ist?
Womit du, wenn es stimmt, nun etwas weiser bist.
Uns allen ist seit kurzer Zeit bekannt,
da im vorigen Reim wird auch genannt,
dass Jesus im September geboren war.
Ob du's glaubst oder nicht, so ist es wahr.
Mit Überlieferungen wurde viel vom Wissen
zum Teil „weggeschmissen“[2].
Anderes wurde auch entfernt.
So haben wir verlernt
wo der Ursprung einmal lag.
Es stellt sich oft die Frag'
wie es wirklich ist geschehen,
um diese Zeit, als Jünger wollten mit ihm gehen.[3]
Wenn man bedenkt
und die Aufmerksamkeit auf Geburtendauer lenkt,
so kommt 9 Monate nach dem 8. Dezember
am Ende der September.[4]

[1]) Viele denken, dass Maria an diesem Tag von ihrer Mutter geboren wurde.

[2]) ging verloren

[3]) zur Zeit Jesu

[4]) 9 Monate nach Maria Empfängnis ergibt den September. Womit plausibel ist, dass mit der Empfängnis der Schwangerschaftsbeginn von Maria gedacht ist.

Christi Himmelfahrt

Wenn jemand zum Himmel „fährt“
ist, denk ich, allgemein geklärt,
dass dieser hat den Leib verlassen
und musst‘ den Körper hinten lassen.
So wird hiermit auch klar
in welchem Zeitraum Jesu Tode war[1].
Lange her im Mai ist es gewesen
als sein Körper anfing mit Verwesen.
Es gibt und gab[2]
auch ein offizielles Grab.
Beweise und Indizien
führen hier nach Indien.
In Kaschmir[3] wird es wohl genannt
und ist zum Teil auch schon bekannt.
Weitere Indizien
auf dem Weg von Jerusalem nach Indien
bezeugen von Maria's Tod,
wodurch dann alles kommt ins Lot[4].
So schreib ich hier am Ende nur,
dass Maria auch zum Himmel „fuhr“[5].

[1]) der wahre Tod, nicht die Kreuzigung/Auferstehung

[2]) je nachdem wann es aufgelassen wird, 2025 noch bekannt und erhalten

[3]) in Kaschmir in Indien gibt es ein offizielles Grab von Jesus

[4]) wird alles klar

[5]) der Tod bzw. Maria Himmelfahrt am 15. August, auf dem Weg nach Indien

Gefahr oder geh fahr?

Soll ich gehen oder fahren?
Oder soll ich lieber Gehen lassen?
Oder Manche gehen sehen?
Oder das Fahren lassen?
Bereite stets, was will bereitet werden.
Auf dem Land das nachhaltigste Transportmittel auf Erden,
diese Ehre gebührt den Pferden.

Eselsbrücke

Die Eselsbrücke
hatte eine Lücke.
So kam der Esel dann
nicht am Zielort an.
Er fiel am Ende
über das Gelände.

Von der Mücke zum Elefanten

Ein großer Zauberer du bist
wenn aus der Mücke ein Elefant geworden ist.

Das Theater

„Das ganze Leben ist ein Theater."
sagte nicht mein Vater.
Diesen Spruch, den nannte ich,
erkannte mich und ließ die Masken fallen
denn ich muss niemandem gefallen.
Was mit der Magie der Worte ist passiert
sei hier kurz notiert:
2 Vereine[1] haben zelebriert
und ein Schätzspiel generiert.
Ich hab mich mit meinem Onkel verbunden
und mit ihm einen idealen Schätzpartner gefunden.
Er gewann ohne Lug und Trug
einen Tandemflug.
Und jetzt kommt das Beste,
denn ich hab seit diesem Feste
Theater nun auf Lebenszeit[2]
bis in alle Ewigkeit.

[1]) Stoabergplattler (Schuhplattler) & Volksbühne Nuarach
[2]) für 2

Ewig?

Ich höre oft: „Boa, das ist schon ewig her..."
Und wie lange ist nun ewig, bitte sehr?

Keine Zeit?

Sag nie: „Ich habe keine Zeit.“
Denn schon seit
deines Lebens Anbeginn
ist jeder Tag ein Gewinn.
Ein Zeitkonto von 86 400 Sekunden
ohne langes „Runden“
wir dir täglich[1] schenken
zum Leben und zum selber lenken.
So zum Beispiel auch mal putzen
und wenig mit Belanglosigkeiten „beschmutzen“.
Nur am Tag von Tod und auch Geburt
sind von den 86 400 welche „furt“[2].
„Ich habe keine Zeit“
sag ich seit
schon unbestimmter Zeit nicht mehr,
denn dann wär mein „Konto“[3] leer.
Am Ende sei noch kurz ermahnt,
sag lieber: „Hab schon was anderes geplant.“

[1]) Zeitumstellung und „Auswanderung“ in andere Zeitzone ausgenommen

[2]) „furt“ = fort

[3]) Zeit-„Guthaben“

Zukunftspläne

Während Andere vorm Fernseher hocken
oder irgendwelche Spiele zocken
bin ich meist beim Planen und beim Machen
von diversen Sachen.
Sei auch du so schlau
und plane beim Hausbau
vorher schon die Gartengestaltung
in Richtung Werterhaltung.
Von einem lebenden Zaun mittels Bäumen[1]
sollten Viele nicht nur träumen.
Du brauchst für Obst nicht mehr zum Supermarkt fahren
und die Reparatur vom Zaun kannst du dir sparen.
Du solltest ihn mit deiner eigenen Kraft erbauen,
den dann deine Urenkel noch schauen
und zum Entzücken
Früchte davon pflücken.
Ein solcher Zaun macht sehr viel Sinn
und wird auch nicht schnell „hin“[2].
So sollst du’s nicht vergessen
können deine Familie und deine Nachkommen davon essen.
Keiner wird es dir bereuen,
sich Jahrzehnte noch daran erfreuen.

[1]) bei kleiner Fläche ein Obstspalier; bei größerer Fläche als Sichtschutz-Grenze andere Bäume und Sträucher und im Innenbereich große Obstbäume

[2]) „hin“ vom Wort „kaputt“ - Der Ursprung ist im Wort „Hinrichtung“ noch bekannt

Schreiben

Dass ich schreiben kann ist vielen klar,
aber nur Wenige wissen wie wunderbar
und welches Wohl dem Schreiben ist gegeben,
denn es hält Erinnerungen am Leben.
Ihr sollt euch weniger oft die Augen reiben,
besser ein paar Zeilen schreiben.
Am besten mit Kugelschreiber, oder Tintenfass und Feder,
denn mit Übung kann das Jeder.
So bleibt für die Nachwelt erhalten
wie wir unser Leben gestalten.

Das Buch der Ahnen

Von gewissen Mächten ist gewollt,
dass ihr das Wissen eurer Ahnen stets vergessen sollt.
Denn wer den Stammesursprung nicht mehr kennt,
seinen Ahnen nicht mehr dankt und sie nicht nennt,
wird für sie fremd.
So irren mehr und mehr
Menschen ohne Wurzeln umher.
Solche lassen sich leichter lenken,
vor allem stets im Denken.
Darum will ich meinen Ahnen, nicht nur in Gedanken
für ihre Taten danken.
Von Brauchtum und Traditionen
will ich schreiben und auch sagen,
und wir werden sie an die jüngeren Generationen
weitertragen.
Vor allem naturverbundene Zeremonien und Feste
sind hierfür das Beste.
So auch alte Mythen und Sagen,
die wir nicht nur in unseren Herzen in Erinnerung tragen,
sollten wir behalten und bewahren
in noch vielen hundert Jahren.
Passend wird ein Buch verfasst
weil das hier am besten passt.
Beginne ohne Eilen
mit den ersten Zeilen,
deinem Namen
und welche Ideen dir so kamen.

Schreib dort nicht nur über deine schönsten Träume,
am Liebsten über Pflanzen und auch Bäume.
Und zwar, wie du es erdacht,
dass die Welt zum Paradiese wird gemacht,
auch mit bunter Blütenpracht.
Die Ahnen werden nicht so schnell vergessen
wenn Nachkommen die Früchte von Bäumen essen
welche mit Liebe von den Ahnen kamen.
Und wenn dies alles in einem Buch geschrieben,
ist es über Jahrhunderte erhalten geblieben.
So können wir uns eine schöne Zukunft bahnen
mit dem Buch der Ahnen.

Neuer Tag, neues Glück

In der frühen Stunde erwacht
und 15 Minuten an was Gutes gedacht.
So startet stets ein neuer Tag
wie ich ihn gerne mag.
Das Wissen kommt zwar nicht von mir
aber teil ich gern mit dir.
Nicht lang warten
und nach Belieben
barfuß geblieben
in den Garten.
So startet mit Sinn
jeder neue Tagesbeginn.

Übergossen - voll genossen

Hab mich oft schon früh am Morgen
voller Freude, ohne Sorgen
bei der Sicht
vom ersten Sonnenlicht
im Garten mit Wasser übergossen
und dies voll genossen.

Gesundheit

I wünsch‘ dir: G’sund sei Morgen und a Heit[1],
oda oafoch gsogg[2]: „G’sundheit“.

[1]) „Heit“ = ein Mundartwort für „Heute“
[2]) oder einfach gesagt

„Guten Morgen“ oder „Guten Heute“?

Ach, liebe Leute,
wie schön wär‘ oft ein „Guten Heute“.
Viele Menschen sprechen lieber von morgen,
geplagt von Kummer und auch Sorgen,
als vom heutigen Tag
den ich gleich gern mag.
So fasse allen Mut,
denn heute ist ja auch recht gut,
und such‘
für früh am Tag ‘nen and’ren Spruch.

Der Donnerstag

...macht heute[1] seinem Namen alle Ehre
wenn Energie sich vermehre,
auf einen Punkt konzentriert und fokussiert,
seine Energie entlädt
und Donner folgt meist nicht sehr spät.

[1]) den Reim geschrieben an einem Donnerstag, an dem es auch viel blitzte und donnerte

Und andere Wochentage

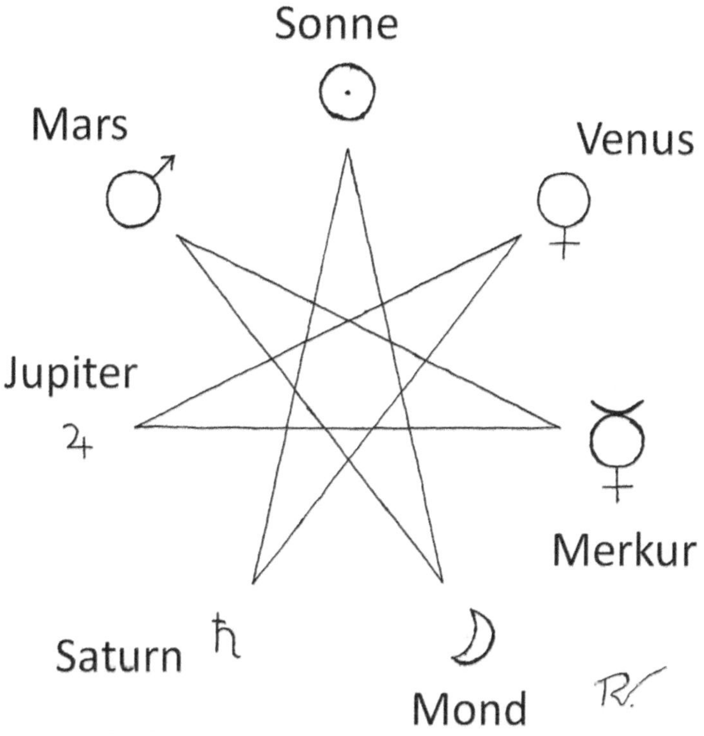

Hier wird dir bekannt
warum die Wochentage werden so benannt.
Beim „Sonntag“ ist’s nicht schwer:
Ein Himmelskörper, geliebt meist sehr.
Beim „Montag“ wurde ein Buchstabe entfernt,
darum haben Viele dessen Ursprung verlernt.
Der „Dienstag“, der dienenden Männer als Mars-Tag, ähnlich „Marsch“
ist nicht für‘n „Arsch“.

Am Mittwoch erkennen wir den ursprünglichen Wochenbeginn[1],
ergibt der „Sabbat“ auch für „Samstag“ Sinn.
Auf Englisch[2] erkennen wir noch den Saturn,
wobei auch hier ein Buchstab‘ ging „verlurn“.
Am End‘ benannt der höchste Tag,
welcher die Liebe gern erklären mag.
Ursprünglich war es mal Tag 6,
darum lieben Viele diesen 6[3].
Ich hör’s nicht gern, ohweia,
denn der wahre Ursprung kommt von Götting Freya,
oder auch der Venus,
womit ich komme hier zum Schluss.

[1]) Als höchst geehrter Himmelskörper war früher der Sonntag der erste Tag der Woche. Der Mittwoch als 4. Tag der Woche ist somit auch in der Mitte.

[2]) Saturday

[3]) bewusst so geschrieben und nicht das 3-Buchstaben-Wort

„EIN Wort zum Sonntag?” oder
„Am Sonntag sollst du ruh’n.” oder
„Am Sonntag kehr‘ ich ein.“

Ich sage manchmal „Ja“ und manchmal „Nein“.

Monatsnamen[1]

Wie die Monatsnamen
plötzlich eine falsche Benennung bekamen
wird dir bald bewusst.
Ich hab’s schon länger gewusst
und auch erkannt,
dass viele Monate werden falsch benannt.
Und zwar geht’s um die Zahlen
mit denen auch so manche prahlen.
Ein Oktopus ist ein achtarmiger Tintenfisch,
wenn im Wasser, und nicht auf dem Tisch,
dann auch noch lebendig frisch.
Acht Töne hat eine Oktave,
weis auch ein Musikschul-„Sklave“[2].
Nun ist es nicht mehr schwer,
der achte Monat ist sprachlich der Oktober.
Dezimal[3] kennen wir noch vom Rechnen
und wollen mit obigem Wissen den Kalender neu berechnen.
Denn früher war,
nun sonnenklar,
im März[4] der Beginn vom Jahr.

[1]) Habe selber zur Klarheit angefangen die Monatsnamen wieder beim Namen statt bei den Zahlen benennen

[2]) soll keine Beleidigung sein; dient nur dem Reim

[3]) 10er-Zahl

[4]) Und der Februar als kürzester Monat war der letzte, an welchem beim „Schaltjahr“ ein Tag eingefügt wird

Im Märzen

Im Märzen[1] so manche Männer „versinken“,
da sie zu viel Bierchen trinken.
Und im Märzen[2] der Gärtner die Samen sät,
denn da ist es hier nie zu spät.

[1]) Märzenbier bzw. Bier generell

[2]) Monat März

Dichter

Egal wievieltes Bier es ist
und wie dicht du bist,
Goethe war Dichter
und das ein lichter.
Er verfasste schöne Gedichte
und schrieb somit Geschichte.

Erfolg ohne Folgen

Manche wünschten mir
für dieses „Büchlein“ hier
schon vorab viel Erfolg.
Wobei ich nicht sehr gern befolg‘
den Wunsch, dass mir dann viele folgen[1].
Denn das hätte große Folgen.[2]

[1]) vor allem physisch; bei „Social Media“ sind „Follower“ in Ordnung

[2]) Dann hätte ich keine Ruhe und ungestörte Zeit mehr zum Weiterreimen etc.

Influencer[1]

Influenza kannst du auf 2 Arten schreiben.
Das möchte ich euch gerne zeigen.
Beides gilt für mich als Krankheit.
Die Eine um's Ringen nach fehlender Aufmerksamkeit,[2]
die Andere um Ruhe und körperliche Ausgewogenheit.[3]
Und
beide haben einen seelischen Grund.[4]

1) „Influencer" und „Influenza" sind im Wortlaut nicht wirklich zu unterscheiden; „Influencer" auf Deutsch „Beeinflusser"

2) Youtube-„Influencer" und andere Aufmerksamkeits-„ringer" aufgrund von fehlendem Selbstwert

3) die „Influenza" in Form von Grippe: Das Schmerzen vom Gerippe mit anderen einhergehenden körperlichen Symptomen

4) bei fast jeder Krankheit gibt es einen seelischen Auslöser, wenn man nicht seinen eigenen Lebensplan lebt

Stichwort „Impfung“

Ich mache hier keine Verunglimpfung,
DAS STICHwort der vergangenen Jahre ist „Impfung“.
Vielen Menschen erst mit Zwang einen Stich verpassen
und später dann im Stich gelassen.
Da bekommt das STICHwort die passende Benennung,
zur einfachen Erkennung.
Ansonsten brauche ich das Stichwort nicht,
sowie auch keine Impfungspflicht.

Die Spritze

Viele Menschen haben Angst vor ihr,
wo bleibt denn da die Ruhe hier.
Ein kleiner Pieks in welchem große Wirkung liegt,
wo vor allem auch des Doktors Konto siegt.
Denn dies ist zum Teil[1] des Arztes große Antriebskraft,
dass er mit jedem Pieks mehr auf das Konto geschafft.
Und so hat sie große Wirkung auch,
denn für das Konto ist es großer Brauch
und auch von Nutzen,
selbst wenn sie fremde Körper hier mit „Gift“[2] beschmutzen.

[1]) nicht bei allen Ärzten: Manchen geht es auch wirklich um das Wohl der Patienten; und viele kennen nicht die gesamten Informationen über Impfungen, Schulmedizin und deren finanzielle Unterstützer

[2]) vom Verein AGBUG e.V. in Auftrag gegebene Untersuchung: 20 verschiedene Impfstoffe wurden untersucht und folgende Inhaltsstoffe bei allen gefunden: Aluminium, Antimon, Barium, Blei, Chrom, Eisen, Gallium, Lithium, Molybdän, Quecksilber, Strontium, Vanadium

Das Girokonto

Wo nicht wirklich viel geblieben
sei hier kurz beschrieben.
Wenn wir es richtig nennen[1]
können wir den Ursprung erkennen.
Es ist Italien
von wo kommen viele Formalien.
Besser gesagt vom Vatikan[2],
was nicht nur Vati kann.
Die reichste Bank der Welt dort wohnt
und viele werden gut entlohnt.
Für „Gottes Lohn“ heißt's heut' sehr oft,
denn das klingt ganz anders, soft[3].
Am Ende bleiben hohe Spesen,
ausser denen nix gewesen.

[1]) „Giro“, wie beim italienischen Radrennen gesprochen „Dschiro“

[2]) wurde der Name bewusst so gewählt, damit sich alle Menschen vom eigenen Vater zu einem unsichtbaren „Vater“ oder „Gott“ abwenden?

[3]) „soft“ vom Englischen = weich, fein

Die Bank

Die Bank ist etwas zum Sitzen.
Nicht wo Menschen in Hemden und Anzügen schwitzen.
Die Bank ist auch etwas zum Ruhen.
Nicht wo Menschen sind in edlen Schuhen.
Jede Bank hat einen großen Nutzen,
du sollst sie nicht mit Geld beschmutzen.
Die Mehrzahl von Bank ist Bänke und nicht Banken.
Für jede will ich mich bedanken.
Jede solche Bank macht Sinn
und so nimm
von jeder and'ren Bank fast all dein Geld
bevor es dir wer and'rer stehlt
und am Ende fehlt.

Das fehlende Date?

Kurzum,
„Date“ kommt von „Datum“
also an welchen Tag um...?
Da treffen wir uns zum...?
Kennenlernen eines Anderen?
Viele sich dabei verstellen.
Sowas hat mir grade noch gefehlt
wenn ein Mensch sich seiner Selbst bestehlt,
sich damit betrügt
und lügt
und auch noch lacht
und blöde Scherze damit macht.
Dies mir gern gestohlen bleibe,
so halte ich’s mir gern vom Leibe,
das Date das ich nicht mag,
egal an welchem Tag.

Der erste Tag

Ich lebe jeden Tag wie meinen ersten Tag,
der Tag wo mich auch jeder mag.
Und hier bedenk,
dass ich bin selbst das größte Geschenk.
Denn auf Erden
zählt lieben und geliebt werden.
Kein Geschenk der Welt so viel Schönheit und Informationen enthält,
wie ein neugeborenes Kind,
das die Augen und Herzen der Menschen erhellt.

Der Storch

Der Storch bringt keine Kinder,
das wissen auch die Inder.
Das Symbol vom Storch passt nur dort
an diesem Ort,
wo ein Kind, nicht gewollt entsteht,
dass ihr es auch versteht.
Mal schauen wer als erster bricht
mit dem Symbol vom Storch, ich brauch es nicht.
Und was ihr künftig machen sollt
sind Kinder, nur gewollt.

Beim echten Kindergarten

Bei einem echten Kindergarten
brauchen Kinder mittags nicht auf Eltern warten.
Gemäß einem Garten sind die Kinder bei den Pflanzen,
statt sich im „Betonbunker“ zu verschanzen.
Die Kinder lernen dort dann Samen und Gemüse setzen,
statt nur um die Wette hetzen.
Sie lernen so den Sinn vom Leben
indem sie nicht an toter Materie[1] kleben.
Kinder-Gärten sind nur draussen, wo alles wächst und gedeiht.
Alles andere ist kein Kinder-Garten, verzeiht.

[1]) künstlichem, sinnlosem Spielzeug

Baby

Ich bin verdutzt
wie oft das Wort „Baby“ wird für eine Frau benutzt.
Auch in Liedern wird „Hey ...“[1] oder „My baby“ oft genannt
und der Sinn vom Ursprungswort „verkannt“[2].
Babies spielen gerne auf dem Gras
bei Regen und auch starkem Wind,
doch leider ein Großteil der Menschheit vergaß,
ein Baby ist ein kleines Kind.

[1]) „Hey Baby, i wanna know if you be my girl“ - echt jetzt? Klingt irgendwie nach Pädophilie!

[2]) entfernt

„Mir stinkt's" - „Voll beschissen"

Wenn das Kind mal ganz laut schreit,
nicht weil es ihm am Essen „feit"[1],
nein, weil's einfach sonst „feit"[2] weit und breit.
Manche soll es nicht sehr stören,
andere sich daran empören.
Sei so fair
und fair-setz dich nochmal in die Kindeslage rein,
und du wirst erkennen, du warst widerlich, ein „Schwein",
wenn die „Hose" voll beschissen, ganz beschmutzt
wurde nicht sogleich geputzt.

[1]) hier im Sinne von „fehlt" (Mundart)

[2]) hier im Sinne von „stinkt" (Mundart)

Der Saustall

„Ist das ein Saustall hier!“
Ich sage dir:
Oft sind es keine Säue[1] die dort wohnen,
meistens Menschen die sich schonen,
sitzen lieber vor dem „Kastl“[2],
nicht so gern der Wastl[3].
Ein Saustall in Wahrheit ist,
dass du’s nicht vergisst,
ein Platz wo Säue wohnen
und wo sie sich schonen.
Beim Verein, der sich „BC-Saustall“ nennt[4] und nannte,
ich den Sinn darin erkannte.
Denn da war’n mal Säue drin,
aber nun sind’s alle hin[5].

[1]) Säue = Mehrzahl der weiblichen Schweine oder auch der „Sau“
[2]) Bildschirmen wie Fernseher, Handy, Laptop und Ähnlichem
[3]) der Schreiber dieses Buches
[4]) 1987 gegründet, bestehend bis - noch unbekannt (im Jahre 2025)
[5]) „hin“ auf Mundart auch so viel wie „tot“

Die Sau

„Die Sau“ wird schier[1] durchs Dorf getrieben
und ist bei vielen Worten als Anfang hängen geblieben.
Vom Ursprungswort des Tiers, dem Schwein
kann hier nicht die Rede sein.
Saugeil, saublöd, Sauwetter,
bedenke, manchmal ist auch Regen netter.
Saukalt, sauteuer, saubillig,
ich schreib das Wort nur widerwillig.
Wenn ich spreche nicht von einem Schwein
wird es nicht im Wortschatz sein.
So bleibt mir Unsinniges fern,
denn so hab ich's gern.
Dort
wo dieses Wort
noch passt,
ist bei vorigem Reim, für alle die gut aufgepasst.

[1]) quasi

Etwas über 100

Etwas über 100, ist die Zahl von diesem Reim
und, wenn ich komme vom Planeten „heim“.

Von Auskommen und Einkommen

Auch wir werden davon nicht auskommen:
Das Leben ist ein Kommen und Gehen.
Manche sterben, manche stehen
auf der Warteliste
für die hölzerne Kiste,
oder auch schon
für die nächste Inkarnation.

Aussicht

Ich schreib es kurz und Einerlei,
wenn dein Sehen oder deine Sicht ist aus, dann ist sie auch vorbei.
Möchte dir nichts versprechen,
will deinen Wortschatz hier nicht brechen,
will ihn lieber vermehren,
so halte ihn in Ehren.
Es ist die Fernsicht oder einfach „Sicht“
wenn dir geschenkt auch gutes Augenlicht.

Entkommen, Entfernen, Entwickeln, Entdecken

„Ent“ steht für „das Gegenteil“,
weil,
wenn einer prompt
entkommt
dann kommt er nicht.
Nein, er ist vielleicht schon ausser Sicht.
Ein paradoxes Wort
in Verbindung mit dem Ort
ist das „Entfernen“.
Wobei wir schon oben lernen,
das Wort „ent“ bedeutet
„weg von“, nicht verleugnet.
Somit wäre „Entwicklung“, von einer Wicklung befreien,
nicht nur draussen im Freien.
Wenn ich mich „entferne“, heißt es „bei mir selbst ankommen“,
so hat es dann den Sinn vernommen.
Das letze Wort bleibt nicht auf der Strecke,
welches ich hier noch entdecke.
Denn ist die Decke fort
und nicht mehr am selben Ort,
so wurde vielleicht gefunden,
was vorher war verschwunden.

Täuschung beendet

Wenn du enttäuscht bist,
ist,
wenn, nicht verboten,
ein Tausch wurde nicht gehalten wie geboten.
Manchmal ist's auch „nur" gemeinsame Zeit,
denn seit
langem schon bekannt
wird der Spruch: „Zeit ist kostbarer als Gold" genannt.
Somit ist Zeit ein kostbares Gut
und macht mir wieder Mut,
dass ich sie nicht mit Sinnlosigkeiten oder Warten verschwende
und so meine Eigene Täuschung beende.
Ich bin nicht bescheiden
und kann selber entscheiden
wofür ich meine Zeit gern nutze,
statt dass ich mich mit „Müll" beschmutze.[1]
Mit Freude an der Arbeit jeden Tag
werden Wartezeiten nicht zur Plag'.
Denn auch Diese kann ich sinnvoll verbringen
mit Reimen oder Lieder singen.
So hab ich's gern,
bleibt mir die Enttäuschung fern.

[1]) „Müll" in Form von Nachrichten, Belanglosigkeiten, Sinnlosigkeiten etc.

Der beste Fernseher

Der beste Fernseher der Welt
kostet kein Geld,
ist genial
und fern von künstlichem Material.
Es sind die Augen
die dafür am besten taugen.
Vom Berg der Blick in weite Ferne
oder nachts in Richtung Sterne.

Augen - genau

Ein Wort wo Buchstaben anders platziert und nicht gedreht,
so lies noch mal was oben steht.
Genau und Augen, für alle die nicht tun was wurd‘ geschrieben,
sie sind lieber weiter hier im Text geblieben.
Ein weiteres Mal sei’s dir erklärt,
bevor hier einer weiterfährt.
So lies nochmal von ganz weit oben.
Denn ein unnützes Wort hab ich erkannt,
entstand,
weil Buchstaben wurden geschoben.

Wortspiele

In diesem Buch sind Wortspiele
unzählig viele.
Ich mag die Spiele wirklich sehr
und finde davon immer mehr.
Für mich ist mancher Satz
wahrlich auch ein großer Schatz.

Alle Wunden

Wenn's nicht eilt,
die Zeit, sie alle Wunden heilt.

Freizeit

Für mich ist Freizeit dort,
wo ich nicht von einem Ort zum anderen hetze
und mich dabei noch verletze,
wo ich keine Uhr mehr brauche,
nicht mit Zeit den Berg hochlaufe,
wo ich nicht mit Zeit trainier,
weil ich einfach mal die Zeit „verlier".
Auch so komm ich den Berg hinauf
wo ich mich dann belohne.[1]
Mit der Zeit kommt Mancher drauf,
es geht auch ohne.

[1]) mit einer Rast, einem schönen Blick, evt. einem Schnapserl oder einem Gleitschirm-Flug

Fly Tirol

Willst du fliegen lernen in Tirol
empfehl ich wohl
die Flugschule Fly Tirol.
Weltmeister und Experten
nicht nur mir das Gleitschirmfliegen gut erklärten.
Berg, Gelände, alles optimal,
geflogen wird stets optional
nach Wetter und auch Eigenkönnen,
wenn gewollt auch mal ‘ne Pause gönnen.
Das Material
ist allemal
passend und auch aktuell,
bestellt wird stets sehr schnell.
Im Grundkurs ist dies leihweise inkludiert,
so bist du bestens informiert.

Fly Tirol

FLUGSCHULE KITZBÜHELER ALPEN

Schlechte Kleidung?

Wenn ich nur dunkle Wolken seh
und dabei noch zum Fliegen[1] geh,
lag es nicht an schlechter Kleidung.[2]
Es war, ganz echt, ‘ne schlechte Entscheidung.

[1]) Gleitschirm

[2]) Manche sagen es gibt kein schlechtes Wetter, nur schlechte Kleidung;
Ich sage auch: schlechte Entscheidung

Üblich

Bei manchen Menschen ist es „üblich“,
dass sie bestimmte Dinge machen.
Wobei ich mich
von vielen Sachen,
und auch diesem Wort distanzierte,
da es mich genierte
über was zu sprechen,
wo mir kommt das Brechen.
Denn
wenn mir übel ist,
hoffentlich ein Kübel
in der Nähe ist.

Wettersprache

Ich breche gern den Sprachgebrauch vom üblichen[1] Wetter,
denn ich finde Regen netter
als die meisten Menschen hier,
welche sagen mir:
„Morgen wird das Wetter schlecht."
Echt?
Ich verspreche,
dass ich[2] diesen Blödsinn breche.
Liebe Leute,
bleibt erst mal bei Heute.
Und wenn schon, habt den Mut
und sagt mal, dass es regnen tut.
Dieser Regen ist wahrlich echt,
ein Segen, nicht schlecht.
Also wenn es morgen regnet
sei gesegnet
und denk daran,
was der Regen uns so bringen kann.
Freue dich
so wie ich.

[1]) „üblich" hier passend: da mir manchmal fast übel wird, wenn die Leute von schlechtem Wetter sprechen; sagt einfach: „Es regnet"

[2]) ich spreche seit vielen Jahren von Regen, freue mich daran; und freue mich über viele Gleichgesinnte die es auch so machen

Karl-Valentinstag

Karl Valentin war wohl ein cleverer Mann
da er sich auch bei Regen noch besann
und wusste, wenn er was nicht ändern kann
kein Raunen über seine Lippen kam.
In diesem Sinne könnten wir jeden Tag Karl Valentins-Tag haben
denn der Regen schenkt uns reichlich Gaben
an denen wir uns lange laben.
So müssen wir nicht lang verzagen
und auch niemand and'ren fragen
ob uns kann wer das Wetter sagen.
Denn es ist wie's ist,
du weist es wenn du draussen bist.

Vom Unwetter zum Zufall

Unwahrheiten sind auch Lügen.
Da wo wir jemanden betrügen.
„Untreu",
worüber ich mich nicht freu,
ist das Fehlen von Treue,
was ich sehr bereue.
Ein „Unwetter" wäre demnach auch „kein Wetter".
Doch ich mag das Wetter, werd' somit davon zum Retter.
In manchen Regionen sagt man auch „Ein Wetter[1] kommt"
und das meist prompt.
Doch Wetter war schon immer da
bevor hier jemals einer war.
Vom Himmel fällt der Regen,
in guten Mengen wahrer Segen.
Ist das Himmelstor „bedeckt" oder auch „zu",
kann Regen kommen, schnell im Nu.
„Zu" ist auch das Gegenteil von „offen".
In einer Falle hat's dich dann „getroffen".
Jeder bekommt was ihm bestimmt,
wenn er sein Glück selbst in die Hände nimmt.[2]
Somit ist der Zufall fort,
von hier und auch von and'rem Ort.

[1]) Gewitter

[2]) Auch bei der Geburt, als Mann, oder bei Geburt ohne Vater, als Frau das Glück (das eigene Kind) als Erster (vor dem Arzt/der Hebamme) in die Hand nehmen. Hat sehr hohe Kraft und Wirkung auf das Leben.

Getroffen

Getroffen haben[1] oder getroffen sein?
Der Unterschied ist nicht mal klein.
Und doch,
so will ich hoffen,
werd‘ ich, noch
lange nicht getroffen.

[1]) im Sinne von jemanden sehen

Befehl

Wenn ich selber wähl,
auf Anweisungen anderer nur wenig zähl,
handle ich nicht nach Befehl.
Dann geh ich auch nicht fehl
und quäl
keine anderen Menschen.
Ich will mein Schicksal selber lenken.
Alles andere wäre fehlerhaft.
So wäre dieser Reim nun auch geschafft.

Versprechen

Wenn wir mit jemandem fair sprechen,
und tun, was wir auch sagen,
dann kann man ohne Klagen
auch vom Versprechen sprechen.
Die Frage ist jedoch
ob auch noch
mit dem Handeln vom Versprechen
wir schlechte Taten brechen.
Wenn der Plan ist nicht sehr licht,
kannst du auch das Versprechen brechen.

Fasten brechen

Der Ursprung vom Wort „breakfast“[1] gilt als das
Meisterwerk von Mario Prass.
Wenn wir in der Früh das Fasten brechen
können wir auch vom „breakfast“ sprechen.

[1]) englisches Wort für „Frühstück“

Der Kaffee

Dies ist die Geschicht‘
warum ich trink kein‘ Kaffee nicht.
Ohne Schmäh
ist der Kaffee
heißes Wasser mit verbrannten[1] Bohnen.
Das will ich hier nur kurz betonen.
Für alle die es noch nicht wissen
hab ich Verbranntes meistens weggeschmissen.
So fing ich an mich zu verschonen
von Wasser mit verbrannten Bohnen.
Grün sind sie noch bei der Ernte,
was ich bei Videos so sah und lernte,
dass ich das Zeug wollt nicht mehr trinken,
seitdem begann auch abzuwinken.
Für mich
nicht mehr gesund
und
vor allem als Geschmack im Mund
war nicht mehr fein,
da ließ ich es dann sein.

[1]) wird meist „geröstet“ genannt,
klingt schöner als „verbrannt“

Lupinen als Ersatz

Habe mal den Anbau von Lupinen probiert,
hat nicht funktioniert.
Das Problem an der ganzen Sache
mit Kaffeeersatz, ohne dass ich lache:
Egal welche Bohne, wird verbrannt
und darum von meinem Ernährungsplan verbannt.
Ich möcht‘ nicht lange witzen,
ess‘ auch keine verbrannten Pizzen.
Darum trink ich ohne Schmäh
auch keinen Kaffee.

Pizza & Pommes

Pizza und Pommes
sind etwas das ich ess‘.
Ein alter Brauch:
Beim Skifahren sollen Kinder auch
Pizza und Pommes machen,
sind für mich komische Sachen,
kann ich nicht mal lachen.
Denn würden die wirklich alle Pizza & Pommes machen,
hätt‘ ich so viel zum Essen,
könnt‘ ich Nahrungsmittel beschaffen vergessen.
Eine Pizza ist meist rund
und
Pommes sind zwar auch gesund[1],
aber gerade sind sie selten.
So soll es fortan anders gelten:
Weil,
bei mir machen Ski-Anfänger ohne Eil‘
mit den Skiern die Form von einem Pfeil.
Denn ein Pfeil ist ohne Witz
vorne spitz.

[1]) Je nachdem von wo, von wem, mit welchem Salz (am Besten unjodiert), wie gemacht und wie viel davon

Der Spitzname...

...von Sebastian ist zum Beispiel Bastl.
Manche sagen auch gern Wastl,
andere Wåstl oder Wåst,
is no immer fåst
so wie Basti
oder Wasti.
Seit i leb‘
schon gehört auch Sebi oder Seb
als einer von vielen Namen,
die vom Ursprung Sebastian kamen.
Ich frag‘ zum Schluss,
weil ich will, nicht muss:
Was, ohne Witz,
ist beim Namen denn nun spitz?

Namenstag

Ich sag,
dass jeden Tag
ich einen Namen hab.
Nicht Fab',
es ist Sebastian.
In Kurzform ist's der Bastl,
oder auch der Wastl.
Ein Naturgesetz sei noch genannt
welches ist zum Teil bekannt:
Wenn den Baum berührt der Bastl,
dann freut sich jedes Astl.
Und auch wenn du es bist
der Planet stets freudig ist.

Muttertag, Vatertag, Brudertag

Wann ist Muttertag, Vatertag, Brudertag?
So gern ich sie auch mag
ist solcher für mich jeden Tag,
da seit Geburt ich alles davon hab.
Dann sind da noch 2 Schwestern,
nicht erst seit gestern.
D'rum will ich auch den Schwesterntag hier nennen,
und mit dem Kindertag wir alle Familientage kennen.
Jeden Tag sollst du sie ehren,
so das Lebensglück vermehren.

Geboren in...

... einem kranken Haus[1],
denn die Familienplanung[2] war schon aus.
So musste ich, wie konnt' es anders sein,
im Bauch noch in den „Kreissaal"[3] rein.
Wie kreisrund diese wirklich waren
durfte ich dann auch „erfahren"[4].

[1]) im Krankenhaus St. Johann in Tirol

[2]) für ein Elternteil

[3]) Geburtsraum im KrankenHaus; kommt ursprünglich von „kreißen" ähnlich „kreischen" und wird darum normalerweise mit „ß" geschrieben - Kreißsaal

[4]) hat was mit „fahren" gleich?

Erfahren

Wann ist einer „erfahren“?
Wenn er kann schon Auto fahren?
Oder noch mit Rad
er kommt zum Gemeinderat?
Manche fahren in Gedanken.
Auch dafür will ich mich bedanken.
Der Gedanke ist ein hohes Gut.
So habe Mut
und nutze ihn auch weise
auf deine Art und Weise
und manchmal besser leise.

Mut, Hoffnung und Glauben

Es ist besser sich an Menschen wenden
die dir Mut spenden.
Die dir Hoffnung geben im Leben
mit deinen Träumen und Visionen.
Die dir Hilfe bieten für deine Lebensstationen.
Suche Menschen die dich bestärken
bei all deinen Werken.
Die dir beiseite steh’n,
deine guten Seiten seh’n,
die dir glauben
und fast alles erlauben.

Vom Glauben zum Erlauben

Als Erstes war der Glauben,
will ich mir mal hier erlauben.
Doch
früher noch
war es das Denken
mit dem wir vieles lenken.
Bis dann einer kam
der die Aufmerksamkeit anderer nahm
und auch bekam.
Und mit dessen Energie und Macht
hat er schnell ein neues Imperium entfacht.
Gesetze wurden „erlassen“
und Freiheitsliebende konnten es nicht fassen
und auch nicht glauben,
dass nun Andere ihnen verbieten oder erlauben.

Energiekrise

Politiker, die ihre Versprechen
meistens brechen,
sprechen oft von Energie und einer Krise.
Denn es gab nie eine Größere wie diese,
wo Menschen den Politikern und Medien ihre Energie entziehen
und vor dunklen Machenschaften fliehen.
Den Menschen ist nun klar
was die Krise wirklich war.
Das Volk ist nicht mehr hörig und klein,
will bestimmt
Nicht mehr fremdbestimmt sein.

Die Stimme

Es heißt: Jede Stimme zählt.
Dann hast du es wohl verfehlt
wenn du Deine Stimme Anderen gibst
und dabei denkst, dass du es liebst.
So sei dann nicht verdutzt,
wenn Andere mit Deiner Stimme beschmutzt
tun und lassen was sie wollen,
auch wenn du nicht willst dass sie es sollen.
Gibst du deine Stimme ab
und wirfst sie dann sogleich ins Grab[1],
sag ich nur noch kurz und klar,
wie es ist schon lange wahr:
„Dumm ist der, der Dummes tut."
Wahrlich ist das nicht sehr gut.
Hast du Deine Stimme wirklich abgegeben?
Dann hast du Alles gegeben,
was du Selber brauchst zum Leben.
Nur ein Wicht
braucht sie nicht.
Ich behalt sie gern
und Wahlen bleiben mir schon länger fern.

[1]) WahlURNE = Gefäß für die toten Stimmen

Nicht gewählt!

Wer auf Erden hier entscheidet
hat Horst Seehofer[1] bereits 2010 in passende Worte gekleidet.
Auch wenn es manch einen quält:
„Diejenigen die entscheiden, sind nicht gewählt.
Und die die gewählt werden, haben nichts zu entscheiden.“
So kannst du Wahlen künftig meiden.
Denn Politiker sind meist abrupt
spätestens ab dem Wahlzeitpunkt korrupt.
Finanz- & Pharmalobby lassen grüßen,
treten Menschenrechte stets mit Füßen.[2]
Wählen kannst du dir sparen,
dient nur Statistiken und Zahlen.
Es hilft bei großen Menschenmassen
zur Lenkung und zur Spaltung
und zur besseren Verwaltung
durch Teilung in diverse „Klassen“.
Ich lasse mich nicht spalten, steuern oder lenken,
will Meinem Leben volle Aufmerksamkeit schenken.
So hab ich nun erzählt,
hab am Ende nicht[3] gewählt.

[1]) ehemaliger bayrischer Ministerpräsident

[2]) siehe „Corona“

[3]) oder „mich“, da ich meine Stimme behalten habe

Das Geldsystem

Henry Ford konnte es schon nennen:
Würden die Menschen das Geldsystem kennen
hätten wir ohne Müh‘
eine Revolution noch vor morgen früh.

Schwarzgeld und legaler Raub

Ich kann Geld auf beide Seiten drehen,
aber schwarzes habe ich noch nie gesehen.
Meistens ist es bunt, hat viele Farben.
Manche tragen für den Lohn auch Narben.
Nur weil einer das System erfunden und auch legalisiert,
dass Papier mit Farben wird als Geld akzeptiert,
gilt nun alles andere als schwarz,
und manche leben nur von Harz[1].
Hättest du es auch wie John F. Kennedy probiert
und ein neues Geldsystem[2] etabliert,
würdest du auch nach wenigen Tagen nicht mehr stehen
und kannst die Ursache vom Mord an Kennedy vielleicht verstehen.
Und ich berichte
noch über den größten Raubzug der Geschichte:
Unter dem Decknamen „sozial"
ist Raub von Geld legal.
Genial.[3]

[1]) Harz4: Mindestsicherung in Deutschland mit wenigen hunderten €/Monat

[2]) hat eine silbergedeckte Währung mit dem Namen „United States Note" statt der „Federal Reserve Note" (vom privaten „Federal Reserve System") eingeführt

[3]) für alle die davon leben

Diebstahl

Stehlen
kann ich nicht empfehlen.
Und stehle niemals Stahl.
Das wäre Diebstahl.

Wortschmäh

Menschen mit denen ich mich gut versteh‘
haben den gleichen Wortschmäh.
Sie müssen nicht über andere reden, schimpfen oder hetzen
oder deren Wert verletzen.
Denn sie können über Worte
und andere Sachen lachen.

Alleinstehend

Ich bin manchmal gehend,
manchmal allein stehend.
Und wenn ich müde bin
leg ich mich hin.

Wo stehst denn du?

Die Meisten haben's falsch gelernt
und so, weit von sich selbst entfernt.
Auf die Frage: „Wo stehst denn du?"[1]
kommt oft im Nu:
„Da drüben."
Ich will hier keinen rügen
und auch niemanden belügen.
Aber, wo Ich stehe, ist wo Ich jetzt bin.
Und wenn ich stehe macht es dann auch Sinn.

[1]) gedacht ist bei dieser Frage meist das Auto

Stehen geblieben?

„Wo bin ich stehen geblieben?"
Ein Satz, wird oft gesagt, fast nie hinterfragt oder geschrieben.
Ich mach es meist nach Belieben:
Liege, sitze, stehe,
fliege[1], laufe oder gehe.

[1]) bisher mit Flugzeug, Tandem-Paragleiter, „Flying Fox" und Gleitschirm

Auf die Nerven geh'n?

Kann mir jemand „auf die Nerven geh'n?"
Dies klingt so als würd'st du auf mir steh'n
und dich dabei noch bewegen,
nicht nur auf der Stelle kleben.
„Auf den Nerven gehen" wäre dann korrekt
und deutsche Sprache unbefleckt.
„Auf die Nerven drücken"
bringt mich echt zum „zücken".

Der Laufsteg?

Ein Steg ist typisch wohl am Wasser.
Wenn ich rein spring' werd ich nasser.
Auf nassem Stege laufen?
Manchmal: Dumm gelaufen[1].

[1]) gestürzt: sowohl Damen am „Laufsteg" als auch andere auf echten Holzstegen am Wasser

Für alle Divas

„Für Alle die was schon... können, bitte..." hab‘ ich oft gehört
und es hat mich auch gestört.
Denn mit „was" bist du in der glücklichen Lage
und stellst meistens eine Frage.
Das „was" ist oben Überfluss,
so wird der Satz dann zum Genuss.
Etwas will ich nur noch selten schauen:
Alle Divas und auch „Pseudo-Frauen".
Ganz echt
wird mir von denen schlecht.
Aber nun genug
von dem Pseudo-Betrug.

Die Ferse, Diverse und weitere heitere Verse

Ob die Fers‘ in aller Munde ist?
Bildlich hoff‘ ich dass du‘s schnell vergisst.
So schreib ich bunt und viel diverse Zeilen,
manchmal schneller, manchmal ohne Eilen.
Ich mache munter weiter
auch wenn nicht alle Verse sind so heiter.
Eugen Roth ein Büchlein über „Heitere Verse“ schrieb,
etwas das mir ist recht lieb,
hat mir mal ein Freund geliehen
und ich hoffe wohl verziehen,
dass ich einfach ungeniert
darin habe korrigiert.

Das sind 2 Paar Schuhe[1]

Ein Reim der kam im Nu:
Auf dem Bild hier das sind 2 Paar Schuh.

[1]) Ein Spruch bei uns in der Region oft fälschlich genutzt für: „Das ist dann etwas ganz anderes.“ oder „Das kann man nicht vergleichen.“

Ein Paar[1] und das Paradies

Es kommt getönt von weiter Spur:
„Ich hab‘ ein Paar Schuhe nur!“
„Und sie sind mit Glas gemacht.“
Für die Füße nicht gelacht.
Doch dann ein Stein
fiel nicht von Herzen,
fiel auch nicht herein,
er fiel darauf mit kurzen Schmerzen.
Die Frau ist nun erlöst von Herzen.
Denn von diesem Tag an nun
ließ sie ihren Schuhkauf ruh’n.
Barfuß, auch für sie erwies,
ist der Weg ins Paradies.

[1]) ein Paar = zwei; wird oft fälschlich für Mehrere benutzt, auch in der Mundart; egal ob groß oder klein geschrieben - in der Sprache gibt es keine Groß- und Kleinschreibung

Barfuß, ohne „r“

Früher galt man mal als Flegel,
hielt man sich nicht an folgende Regel:
Barfuß geh‘n
war von den Eltern nur gern geseh‘n
in Monaten ohne „r“ im Namen.
Keine Ahnung wie die auf sowas kamen.
Denn Ärzte und Gesundheitsexperten
sich nicht daran beschwerten
und wissen wie gut es für den „Kreislauf“[1] ist,
wenn du öfters barfuß[2] draussen bist.
In Finnland & Russland gilt es auch
schon lang als Brauch,
dass Kinder
im Winter
barfuß durch den Schnee spazieren,
ist nicht nur gut für Herz und Nieren.[3]
Es ist wahr,
im Winter nach Beginn vom neuen Jahr
nehmen viele Finnen & Russen ein eisig kaltes Bad,
is sicher nit gonz fad.[4]

[1]) „Kreislauf“ = Blutzirkulation; du musst hier nicht im Kreis laufen
[2]) auch im Schnee oder kaltem Wasser (Kneipen) und am Besten im Garten
[3]) auch für andere Körperteile gut
[4]) ist sicher nicht langweilig

Neujahr

Jeder Tag ist wie ein neues Jahr,
zeigt er uns doch offenbar,
dass Glück ist in den kleinen Dingen,
Tanzen, Lachen und auch Singen.
Luft, Wasser, Erde, Licht,
viel mehr benötigen wir nicht.
Feiere jeden Tag wie ein kleines neues Jahr
und dir wird plötzlich sonnenklar,
dass Weniger oft besser ist,
weil du damit geboren bist.

„Silvester“ oder **„Die Stunde Null“**

Fast alle schauen oft auf eine Uhr.
Wann ist bloß die besagte Stunde nur?
Vom Leben im Moment und mit der Natur
fehlt fast jede Spur.
Die Menschen können‘s kaum erwarten,
fast alle sitzen drinnen, nur Wenige im Garten,
stopfen sich die Bäuche voll
mit schlechtem Essen und mit Alkohol.
Für Herzlichkeiten bleibt sehr wenig Zeit
da bald schon die besagte Stunde eilt.
Es wird gefragt ob ja bereit
Böller, Knaller und Raketen,
nur Wenige wissen um den Wert dieses Planeten.
Ach, wenn hier nur würde helfen Beten,
so würde ich fast alles geben
damit der Mensch erkennt den wahren Wert im Leben.
Er ist nicht in dem lauten Knall,
denn das ist mehr ein Sündenfall.
Wälder, Felder und Wiesen werden beschmutzt
selten dann danach geputzt
und wenn dann meist von dem der sie benutzt.

Trommeln statt Raketen

Trommeln statt Raketen
und ein bisschen Singen statt beten.
Das ist das Motto der Naturoase[1]
wo manche Blume steht in einer Vase
machen wir in dieser Phase[2]
und auch schon seit längerer Zeit
sehr gscheit[3],
eine nette Feier, ohne Beschwerde,
während andere die Erde
mit lautem Knall beschmutzen
und nicht selber putzen.
Gemütlich, friedlich,
sanft und lieblich
beginnen wir wohl wahr
das neue Jahr.
Sei auch du dabei
und komm vorbei.[4]
Am 31. Dezember ab 20:00 Uhr,
folge deiner inneren Spur
und dem Ruf von der Natur.

[1]) Naturoase in Piesendorf im Pinzgau (Bundesland Salzburg)
[2]) zur Silvesternacht
[3]) weise
[4]) mit Voranmeldung: Kontakt auf Facebook ist „Naturoase am kleinen Teich“

Weihnachten

Weihnachten ist jeden Tag.
Denn jeder Tag ist einer den ich mag.
Wir sollten jeden Tag
die Trinkmenge an Wein achten.
Nicht nur an Weihnachten.
Jede Nacht, da ein neues Kind das Licht der Welt erblickt
ist etwas das mich sehr entzückt.
Jede Nacht
wird ein magischer Moment vollbracht.
Und so wünsche ich dir eine gesegnete Weih Nacht.

Bescherung

Zur allgemeinen Wissensvermehrung
hier nun etwas über die Bescherung.
Die beste Verbindung
finden wir nicht in der Endung,
aber im Wort „Schere“, das in der Mitte ist
und mit welcher du gut beraten bist,
dass diese, so hab ich’s gelernt,
von den Paketen nicht weit entfernt.
Zum Glück brauch ich sie nur noch selten,
denn bei mir gelten
andere Werte als hohes Gut,
so zum Beispiel Mut.
Aber auch die Freiheit
und Gerechtigkeit,
vor allem jetzt in dieser Zeit.[1]
Geschenke nehm ich gern,
aber bleibt mir mit unnützen Dingen fern.

[1]) in den Jahren nach den Corona-Maßnahmen

Der lebendige Christbaum

So Mancher glaubt es kaum:
Mein lebendiger Christbaum
steht schon seit September[1] im Wohnraum.
Seit November sind die ersten Kugeln dran
die ich auch noch essen kann.
Anfang Dezember waren erste Kugeln rot
die mir diese Pflanze bot.
Ich möcht sie nicht mehr missen,
genieße jeden Bissen.
Aber auch die Farbenpracht
mir stets eine Freude macht.
Alle Tage wieder
schau ich auf sie nieder,
seh‘ was sie mir bieten kann
und ess‘ manche Tomate dann.
Diesen „Christbaum“ habe ich zum “Fressen“ gern.
Ich brauche keinen Stern
oder, ohne Witz
auch keinen Christbaum-Spitz.[2]
Mir reicht ein bisschen Liebe
und vom Tomatenstrauch die behangenen Triebe.

[1]) im Jahre 2023

[2]) Bei Vielen ist es Tradition, dass auf dem Christbaum oben ein Stern ist. Bei uns in der Familie war es jedes Jahr ein Spitz.

Liebe ist

Liebe ist Genügsamkeit,
NICHT das Suchen nach Aufmerksamkeit.[1]
Damit wird die Liebe und das Leben
in tote Materie gegeben.
Umgib dich nicht mit seelenlosen Dingen
nach denen so viele Menschen ringen.
Fange entweder an mit Singen
oder sei manchmal still.
Denn wenn die Liebe will
kommt sie durchs Glücklich sein
von ganz allein.

[1]) mit sämtlichen Mitteln oder technischen „Errungenschaften“ wie Autos etc.

Glücklich!

Eine schöne, junge Frau hat mir mal nach Belieben
in etwa Folgendes geschrieben:
Sie wünscht mir, dass ich, gelinde gesagt, wen finde
und auch glücklich werde
hier auf dieser Erde.
Ich erkannte dann zum Glück den Sinn
im Wort, in-dem Ich glücklICH bin.
Denn das Glück kommt stets von mir
und Nicht von jemand anderem hier.
So hab ich es als gut befunden
und mICH dann auch selbst gefunden.

Selbstwert

Wenn dir was nicht passt
und du es Nicht wagst,
dass du etwas sagst,
hast du deinen Wert verpasst.
Wirst als „Sklave“ du genannt,
haben andere deinen momentanen Wert erkannt.
Wurde dein Selbstwert auf fast Null erklärt,
jeder Andere so mit dir verfährt.
Den Wert den du dir gibst,
wenn du dich selber liebst,
den wirst du auch von anderen bekommen,
so hast du schnell einen hohen Wert erklommen.

Einzigartig

Ich bin so smart[1],
der Einzige meiner Art.
Ich bin selten artig
aber einzigartig.
Wisse allemal:
Ich bin nicht NormAl[2].

[1]) Englisches Wort für „weise“

[2]) Normal ist für mich die Norm aller; aber ich passe in keine Norm aller; Die Abkürzung „Normal“ dürfte auch davon kommen.

OK

Der Name „Oskar Krause“ ist mir noch bekannt,
er wurde in der Schule[1] auch genannt.
Zur Sicherung der “Qualität“
nit bled[2],
gab es jenen deutschen Mann
der am Ende dann
die Waren prüfen sollte,
was er gerne tat und wollte.
Wenn nach kurzer Zeit
oder nach Stunden
die Ware wurd‘ für gut befunden,
kamen dann
die Initialen von dem Mann
am Paket der Ware dran.
Diese Gründlichkeit vom deutschen Wesen
ist schon damals gut gewesen.
So wurde das O.K. bekannt
und heutzutage oft genannt.

[1]) HTL-Saalfelden im Fach „QUALitätsmanagement“

[2]) nicht blöd

OK
R.

Made in Germany[1]

Was England[2]
für recht gut befand,
war, dass man Deutschland
wirtschaftlich echt
irgendwie schwächt.
So wurde „Made in Germany“ erfunden,
was zwar mit Deutschland verbunden,
aber mit dem Schmäh
und der Idee,
dass die Menschen lieber heimische Produkte kaufen
und nicht zu den Deutschen „laufen“.
Nur wurde Vielen dann schnell klar,
wie hoch der Wert von deutschen Produkten war.
Denn sehr lange schon
kennen wir die deutsche Präzision.
Zum Graus[3]
wurde eine Marke draus.
Aber ich find’s echt
nicht schlecht.

1) produziert in Deutschland
2) und auch andere Länder
3) zum Entsetzen gewisser Länder

St. Germain[1]

Nicht zum Wohl
von Südtirol[2]
wurde ein Vertrag gemacht,
welcher wurde sprachlich gut durchdacht.
Der Vertrag von Sankt Germain
ist irgendwie gemein.
Geschrieben nahe Paris, also in Frankreich
zur Ehre vom Heiligen Deutschen Reich.
Doch hab ich gelernt:
Wird etwas gegen den Willen des Volkes entfernt[3]
kann auch kein schöner Vertragsname dies begnadigen
oder begradigen.
So weilt nicht erst seitdem[4]
gemacht von irgendwem
bei Paris ein heiliges Germanien.
Somit schon fast näher an Spanien,
als dem Ursprungsland, dem deutschen Volke,
welches von manchen Menschen gern vertrieben würd‘ wie eine Wolke.

[1]) bedeutet „Heiliges Germanien“; es wird auch ein Heiliger mit diesem Namen geehrt; passend ein Bild als Symbol dafür

[2]) und auch Österreich bzw. die traditionelle bayuvarische, germanische Kultur

[3]) Südtirol von Österreich

[4]) Vertrag von St. Germain 1919

Zeichnung zu Ehren vom heiligen Meister St. Germain

Bevölkerung

Das „Volk“ ist des Landes lebendiger Teil
weil
mit ihm das Land erblüht
und auch sein Gemüt.
Das „Wasser“ ist das Lebenselixier
im Universum und auf Erden hier.
Eine „Bewässerung“ ist ganz ungeniert
nur künstlich produziert.
Selbiges gilt für die „Bevölkerung“
wo seit vielen Jahren ein großer Schwung
fremder Menschen kommt ins Land,
was ich als nicht gut befand.

Erste Nationalhymne!

In den Jahren 1568-72 schon geschrieben,
interessant was auch geblieben:
So singen niederländische Leute
auch noch heute
„Wilhelm von Nassaue bin ich von Deutschem Blut...“,
das find ich wahrlich gut.
Denn ich trag selber deutsches Blut in mir
und vielleicht, ohne dass du's weist, ist's auch in dir.
Schimpf nicht über jene die in Deutschland wohnen,
da sie seit
schon langer Zeit
die Welt mit sehr viel Wissen auch belohnen.
Weiter im Liedertext wird Vieles dann gemischt
und Ursprung wird verwischt:
„...Prinz von Oranien...“
„geehrt der König von Hispanien.“
So können wir auch hier gut hör‘n und seh‘n
wie Spaltung ist schon lang gescheh‘n.

Die Spaltung

Die Spaltung ist der Obrigkeit größtes Instrument.
Die Kräfte gegen sie werden dadurch am meisten gehemmt.
Egal ob Skirennen, Fußball oder Olympische Spiele,
zur Spaltung der Menschen gibt es unzählig viele.
Auch das Geld und die Parteien
Lenkungs- und Machtinstrumente zur Spaltung der Gesellschaft seien.
Spaltung hier, Spaltung dort,
Spaltung fast an jedem Ort.
Wenn aber die Menschheit wieder erkennt,
dass sie nicht nur für einen ersten Platz „brennt“[1],
dass der Sinn im Leben ein and’rer ist,
weil du auch ein Teil vom großen Ganzen bist,
dann wird sie sich erheben
und neuer Mut und Hoffnung erwacht zum Leben.
So möcht‘ ich hier noch kurz verkünden,
dass wir uns besser wieder verbünden.

[1]) hier im Sinne von: fast alles tun würde

„Erster!“

Viele wollen Erster sein.
Kehret fort von diesem Schein.
Denn zum Beispiel auch beim Lieben,
sei für alle Männer hier geschrieben,
haben beide mehr vom Leben,
wenn wir fallen von diesem Streben,
dem Erster sein um jeden Preis,
sonst hast du einen in der Meis‘[1].
Bei Krieg und Kampf will keiner vorn dran Erster sein,
aber viele fallen noch darauf herein.
Denn sie denken,
sie können als „Erster“ das Leben lenken.

[1]) einen in der Meise haben = nicht klar bei Sinnen

Eine Frauenfußballmannschaft?

Wenn bei einer Mannschaft nur der Mann schafft,
dann hieß es richtig: Fußballfrauschaft.
Denn Vieles was der Mann
kann auch die Frau.
Manche schlau,
werden auch Bezirkshauptfrau.
Denn es ist nicht nur der Mann, der schafft,
in der BezirkshauptMANNschaft.
So heißt es heute
auch Bezirkshauptleute.
Frage dich:
Eine FrauenfußballMANNschaft ist doch, noch
ein Paradoxon für sich,
oder nich'?

Real ...

Nein, nicht Madrid.
Auch nicht eine Partnerschaft zu dritt.
Ich will dir Folgendes mitgeben
für ein ideales Leben:
Ohne Fernsehen, Studien
und sozialen Medien
ist mein Leben noch real.
Und so genial,
auch ideal.

Die aktuellsten SCHLAGzeilen[1]

Mann, etwas „steif"[2],
schlägt Frau krankenhausreif.
Mann mit Migrationshintergrund
schlägt Jugendliche wund.
Jugendlicher schlägt Freund zu Boden,
tritt ihm auch noch in die Hoden.
Transe schlägt Frau bei Olympia fast K.O.
Diese gibt W.O.
Dies waren ohne Eilen
die aktuellsten SCHLAGzeilen.

[1]) vielleicht ist euch jetzt bekannt warum es da meist um Mord und Totschlag geht

[2]) zornig, aggressiv

Ich hau mich...

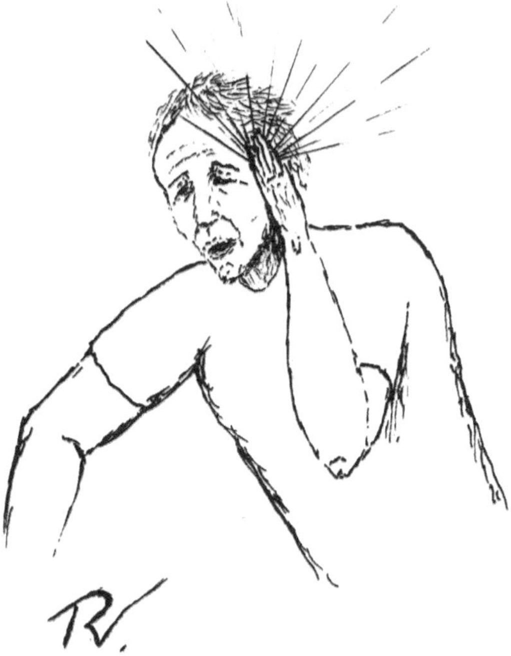

Viele Menschen HAUEN SICH unter die Dusche, oder auf die Couch.
Autsch.
Ich bringe euch die Info hervor:
Ich haue mich auch nicht aufs Ohr.
Ich hau mich
nich‘.

Blauäugig?

Viele würden sagen, dass ich blauäugig bin.
Wobei es ankommt auf den Sinn
den du darin kennst
und es sonst noch nennst.
Ist für dich „blauäugig“
so viel wie „leichtgläubig“
und würdest du sagen „naiv“
so ist es ein anderes „Narrativ“[1]
als einfach blaue Augen
die mir selber taugen.

[1]) eine andere Bedeutung

Eigensinnig

Eigensinnig
bin ich ganz innig
verbunden mit meinen Sinnen
tief innen drinnen.

Der eigene Wert

Es ist nicht verkehrt
wenn Du kennst Deinen Wert.
Der eigene Wert ist von großem Nutzen.
Du sollst ihn nicht mit minderen Gedanken und Worten beschmutzen.
Auch nicht groß nach aussen tragen,
lass lieber hier die anderen sagen.

Sagen

Sag, wenn hilfreich, was du denkst,
weil du damit dein Schicksal lenkst.
So sollst du stets es wagen
und auch sagen
ohne dich zu fragen:
„Was werden wohl die anderen denken?“
Denn so kannst du dein Schicksal selber lenken.

Kannst du mir bitte...?

Können tu‘ ich viel,
so bin ich bei dieser Fragestellung selten still.
Denn ob ich dann auch will
ist ein ganz anderes Thema,
passt nicht in jedes Denkschema.
So lerne,
mach ich gerne
was ich will und nicht nur kann,
weil somit mein Glück begann.
Sei dir
ab heute hier
der Fragestellung bewusst
und ob du es denn gerne tust.
Denn,
wenn dem nicht so ist,
du gut beraten bist,
dass du es nicht vergisst:
Wenn wir etwas können und auch sollen,[1]
heißt lange nicht, dass wir es wollen.
Folge lieber deinem Herzen,
so bekommst du keine Schmerzen.[2]

[1]) laut anderen

[2]) auch emotionale Schmerzen, die oft größere Folgen haben als körperliche, wenn wir uns selber „übergehen“

Hals- und Beinbruch?

Beim Skifahren das Schienbein gebrochen,
so manches Glas zerbrochen,
beim Fußball fast das Genick gebrochen,
habe ich mir selbst versprochen
bin ich künftig nicht mehr still
und lasse mich für nichts überreden, das ich nicht will:
Zum Beispiel Heiraten[1] inklusive Scheiden,
und den Titelspruch möcht‘ ich vermeiden.
Denn der Ursprung vom Spruch
„Hals- und Beinbruch“
kommt Nicht vom Aramäischen,
aber vom Jiddischen[2] und Hebräischen
„Hazlóche un bróche“,
also „Erfüllung und Segen“
auf all deinen Wegen.

[1]) klassisches Heiraten nach „Tradition“: Lieber eine TRAUUNG auf dem eigenen Stück Land. Liebe ist kein Vertrag auf Papier; es ist eine Lebenseinstellung, jeden Tag aufs Neue

[2]) Jüdischdeutsch: In Europa gesprochene Sprache vor etwa 1000 Jahren

Unterwegs oder auf dem Weg?

Ich bin niemals unterwegs
denn ich bin stets
fahrend, gehend oder laufend,
nicht besaufend
auf dem Weg
zum Steg.[1]
Oder auch nach da und dort
und manchmal auch zum fernen Ort.
Entscheidend ist für mich das „auf“ und nicht das „unter“,
denn sonst wär ich unten drunter.

[1]) vom See, um schwimmen zu gehen

Unterhaltung

Wenn Mächtige andere unter sich halten,
damit diese schalten und walten
wie sie wollen
und wir deren Sklaven sein sollen,
dann nennt sich das auch Unter-Haltung,
oft mittels übl-ich-er[1] Spaltung[2].
Mit dieser wird die Aufmerksamkeit auf andere gelenkt
und viele sehen's noch als Wohltat, uns geschenkt.
Ich lass mich nicht mehr unten halten,
ich will mein Leben selbst gestalten.

[1]) davon wird mir übel, darum so getrennt geschrieben

[2]) Bsp. Fußball, Biathlon etc. wo in Gegner und Länder usw. gespalten wird

Was machst oder arbeitest du jetzt?

Jetzt bin ich beim Lesen.
So bin ich auch im Jetzt gewesen.

Gegenwart

Viele Menschen gegen's Warten,
können's kaum erwarten,
wollen lieber starten.
So bleib, und start'
mal in der Gegenwart,
im Moment vernetzt,
im Hier und Jetzt.

„Mache mich aufdenklich" oder „Erinnere mich"

Bei der Arbeit wurd' mir früher oft gesagt,
ohne dass ich wurd' gefragt:
„Bitte erinnere mich"
oder: „Mache mich aufdenklich"
auf etwas das sie selbst vergessen,
sonst hätten sie nicht jemand anderen damit „bemessen".
Im Grunde heißt es die Verantwortung abgeben,
womit was Großes fehlt im Leben.
Ich gebe sie zum Glück
prompt den Anderen zurück,
indem ich in jeder „Lebenslage"
„Wenn ich's nicht vergesse" sage.

Abkassiert

An der Kassa dran gedacht
welchen Reim ich schon gemacht.
So hätt‘ ich fast vergessen,
nicht das Essen,
Nein, und zwar bezahlen.
Auf dem Monitor steh’n noch die Zahlen.
So ist es mir passiert,
dass ich wurde abkassiert.
An der Kassa wo sie schalten und walten,
dürft den Zettel ihr behalten.

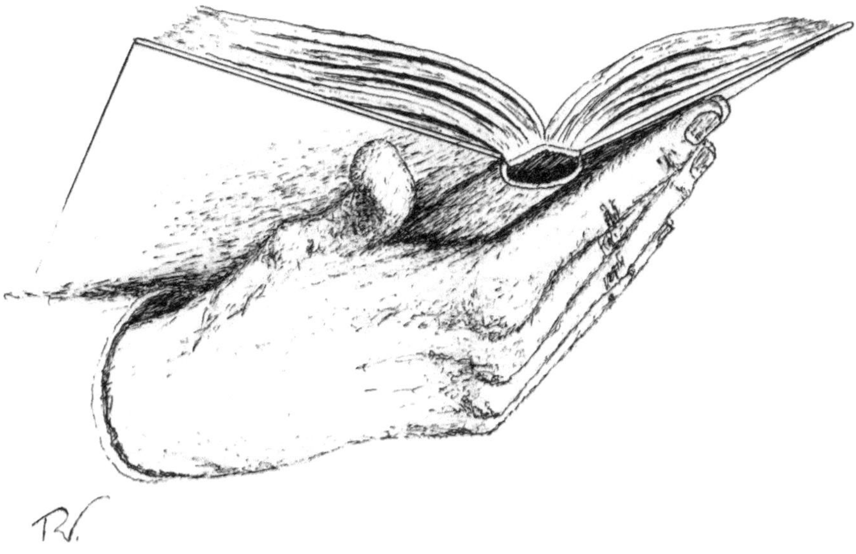

Der Buchhalter

Alle, die ein Buch in Händen hielten oder halten,
gelten oder galten
als Buchhalter,
nicht als Sachwalter.

Der Sachwalter

Sachen gibt es Viele,
auch so manche Spiele.
Über viele Sachen
kann ich nicht sehr lachen.
Ob dies kann der Walter?
Wenn er prüft 100 Lichterschalter?
Kabel rein, Kabel raus,
der Reim, der ist fast aus.
Ob da alles rechtens ist?
Du weist es wenn du weiterliest.

Der Stromausfall

Für mich ist er ein großer Segen.
And're fragen jetzt schon, wie sie können leben,
wenn von der Steckdose kein Strom mehr fließt
und es plötzlich dunkel ist.
Doch ist's nicht lange her
da hatten wir im Leben auch nicht mehr.
Mancherorts gibt's noch diese Plätze,
für mich sind es die wahren Schätze,
wo Essen wird am Herd gemacht
mit des Feuers großer Pracht.

Sonnwendfeuer

Der Brauch vom Sonnwendfeuer[1]
ist kein neuer,
nicht erst seit heuer.[2]
Der längste Tag wird zelebriert,[3]
dabei das Essen vielleicht gegrillt und nicht flambiert.
Nach Ostern folgt dieser Jahreszeitenbrauch
mit Feuer und ein wenig Rauch.

[1]) „Feuerkette“ auf den Bergen und weitere Feuerstellen zum Gedenken des Jahreskreislaufs am Samstag um den 21. Juni - Sommersonnenwende

[2]) „heuer“ = Mundartwort für „in diesem Jahr“

[3]) von mir nur am 21. Juni

Ostern

Ein Mädchenname heut‘ ist Mara
und Ostern hieß einst mal „Ostara“.
Es ist ein alter Brauch zum Feiern,
nicht mit vielen bunten Eiern.
Nein, er stammt noch von den Kelten.
Das Wissen davon wurde selten.
Der Frühjahrs-Tag wo er mit Nacht
gleich lang wohl ist,
so feiern wir ihn mit Bedacht,
dass du ihn nicht vergisst.
Der Ostertag, oder auch Frühlingsbeginn
hat im Jahreskreislauf hohen Sinn.

Herbstbeginn-Feier

Der Herbst kommt ins Land,
kleidet es mit seinem Gewand.
Der Tag wird kürzer, länger die Nacht,
so auch am Himmel die Sternenpracht.
Dankbar dafür, dass uns Mutter Erde trägt und lenkt
und auch viele Gaben schenkt.
Bleibt weiter im Handeln und im Tun
auch wenn draussen die Naturkräfte ruh'n.
Vergesst Nicht auf euch selber schauen
und lasst eure kostbare Zeit nicht von wem Anderen klauen.
In diesem Sinne noch eine geruhsame Nacht,
am Besten vorm Einschlafen an deine Liebsten gedacht.

Wintersonnenwende

Licht der Sonne bringt uns Glück,
kommt ab heut' auch mehr zurück.
Ein hoher Feiertag im Jahr
er ist, und auch schon lange war.
Vergessen wegen Kirchenbräuchen,
bedeckt von Geld- und Konsumseuchen.
Alte Erinnerungen ich nun wecke,
damit er nicht bleibt auf der Strecke.
Der Tag an dem das Licht wird mehr
ist einer den ich liebe sehr.

Letzte Weihnacht!

Zur letzten Weihnacht
wurde von Herrn Hägele ein schönes Lied[1] gemacht.
Nicht wie jenes, welches wir schon kennen.
Ich möcht‘ es hier nur kurz benennen:
„Last Christmas I gave you my heart.“ Was??
Jetzt mal ohne Spaß!
Letzte Weihnacht gab ich dir mein Herz?
Ich denk das ist ein schlechter Scherz.
Alle Jahre wieder
erklingen dieselben Lieder.
Ich könnt‘ schwören,
kann Viele davon kaum noch hören.
Bei meiner letzten WeihNacht[2]
vor mehreren Jahren
war ich mir im Klaren,
hab es mir zum Ziel gemacht,
feiere seitdem Geburtstag[3] statt WeihNacht.

[1]) „Letzte Weihnacht“ von Gregor Hägele
[2]) 2020
[3]) meiner älteren Schwester und von anderen Bekannten die an dem Tag Geburtstag haben

Der Geburtstagsreim

Der Geburtstagsreim
der fiel mir hier auch recht flott ein.
Denn im Leben soll der Geburtstag wohl das Höchste sein.
So mach dir diesen Tag recht fein,
der Geburtstag ist und bleibt für immer dein.

Reim gehabt[1], gesagt oder geschrieben?

Ein schöner Reim
kam rein,
nicht am Rhein.[2]
Denn dort ist das Wasser nicht so rein
wie am Fuße unsrer Bergeswelt,
die mir ja so gut gefällt.
So bleib ich lieber wo das Wasser rein
und mit diesen Zeilen endet dieser Reim.

[1]) bei uns oft benutzt für „Glück gehabt“

[2]) Bevor ich die ersten Reime-Bücher begann war ich im Mai/Juni 2022 in Rohrspitz am Bodensee am Rhein und schrieb viel zum Thema „Die Macht der Sprache“, wo erst später ein Buch mit der Thematik veröffentlicht wird/wurde.

ALPINOLINO

Alpinolino Westendorf[1]

Auf dem Berg gibt's guten Vino,
für Kinder[2] den Alpinolino:
Nein,
dies ist kein Wein:
Wir finden auf den Spuren,
wo wir rasend schnell die Zeit verlieren,
eine Kugelrollbahn zum Spazieren
mit tierisch guten Holzskulpturen.

1) in Tirol
2) auch für Erwachsene und „Junggebliebene“

Verlieren

Für alle die es noch nicht, oder nicht mehr wissen
da sie Vieles[1] „weggeschmissen“:
Die Währung in Italien,
nicht in Skandinavien,
wo die Leute,
aber nicht mehr heute,
Tauschhandel betrieben,
ist mit der Zeit „auf der Strecke“ geblieben.
Nur noch Wenige, aber keine Kassiere,
haben Münzen oder Papiere
in Lire.
Ich will ein interessantes Wortexperiment probieren
und wage folgende Frage:
Ist es fair wenn Lire ihren Wert verlieren?

[1]) von ihrem Wissen

„Vernudelt“

Wenn beim Ansetzen oder auch „Anbeißen“ des Gewindes
wurde gehudelt[1]
dann ist das Gewinde manchmal schnell „vernudelt“[2].

[1]) hudeln = unachtsam beeilen
[2]) „vernudelt“ = Gewinde kaputt gemacht

Veredelt?

Wenn du fair und edel bist,
ist,
wenn du etwas Reines isst.
Ich pflanze lieber samenecht[1],
alles andere wäre schlecht.
Ich schreib noch hier am Rande,
„Veredeln“[2] ist zwar keine Schande,
aber kostet Mühe, Zeit und Kraft,
mit Samen wird es leichter und schneller geschafft.
Und das Gute an der Sache,
dass ich wirklich Edles mache.

[1]) samenecht = vom Samen bis zur Pflanze original
[2]) „veredelt“ werden Bäume genannt die mit anderen Sorten gemischt werden; somit sind sie in Wahrheit nicht mehr edel und rein

Vergleichen

Niemand sollte sich vergleichen,
denn ich stell hier gleich die Weichen
und weis, dass kein Zug dem anderen gleicht.
So sei hier nun auch du geeicht
und wisse, dass kein einziges Wesen
im Universum einem Anderen gleich gewesen.
Wenn ich mich mit anderen vergleiche
mache ich mich halb zur Leiche.
Denn ich bin KEINEM Menschen gleich
aber dafür innerlich reich.
Entferne dich auch vom Benoten,
denn richtigerweise gehört es verboten.[1]
Beschützen von Leben ist meine oberste Priorität,
denn dafür ist es nie zu spät.
Jeder Mensch trägt andere Fähigkeiten in sich
und so lieb ich dich
mit allem Guten was du kannst,
was du damit planst
und auch in Erfüllung bringst,
auch wenn andere denken dass du spinnst.

[1]) In der Tekos-Schule in Russland gibt es keine Noten; somit kooperieren die Kinder und helfen sich untereinander, statt zu konkurrieren; Diese Schule gilt als aktuell beste Schule mit grandiosem Lernerfolg.

Ich spinne

Früher galten Spinnerinnen
als Gewinnerinnen.
Denn mit ihnen wurde Wolle gewonnen
dadurch dass sie sponnen.
Das Spinnrad auf dem Land
zum Teil auch noch bekannt.
Ich laufe anderen nicht hinterher
denn das ist recht schwer.
So gehe ich auf eigenen Pfaden
und spinne mir meinen Lebensfaden.
Blicke zum Glück
am Ende auf schöne Zeiten zurück.

Das größte Glück auf Erden

Das größte Glück auf Erden:
Vater oder Mutter werden.
Es sei noch kurz ermahnt:
Am Besten auch geplant.
Denn die Kinder spüren dies
ob sie erwünscht[1] im Paradies.

[1]) von beiden Elternteilen

Das Glück mit dem Pech

Ich hab es hier recht eilig,
in der Kirche gilt es lang als heilig.
Als Kirchengold hab ich es auch benannt,
für Andere als „Pech“[1] bekannt.
Ich will bekunden, bin begabt,
habe selber solches gefunden,
hab zum Glück oft Pech gehabt.
Habe es zum Teil getrocknet, nicht geputzt
und die Wohnung mit angenehmem Duft belebt, statt beschmutzt.

[1]) in Tirol und Anderorts ist Baumharz auch als „Pech“ bekannt

Die Luft muss raus[1]

Hältst du Fürze dir im Bauch,
wisse auch,
dass dadurch kommen Magen-Darmprobleme,
welche ich hier nun erwähne.
Ich mach es kurz:
Der Furz
oder auch „dicke“ Luft,
auch wenn kein angenehmer Duft,
will gerne raus,
womit der Reim ist aus.

[1]) sagte auch mal eine meiner Nichten im Kindesalter

Abgase

Die Abgase lassen sich nicht so leicht verhindern
und auch manchmal schwer vermindern.
Denn,
wenn in den Getränken schon welche drin,
dann machen Abgase Sinn.
Willst du sie selber reduzieren
sollst du den Konsum von ihnen minimieren.

Mit Abstand das Beste

Mit Abstand das Beste was du machen kannst,
dass du bei Abgasen nicht mit anderen tanzt.
So ist dir auch der Sinn vom Abstand nun bewusst
und was du bei deinen Gasen tust.
Halte 2 Meter oder mehr Abstand,
weil dies‘ später jeder besser fand.
Und wenn das alles drinnen ist,
du es nicht vergisst,
dass du auf ein stilles Örtchen,
auch ohne Wörtchen,
oder nach draussen gehst.
Da du es sicher verstehst,
dass andere Leute,
sowie auch Griechen,
nicht nur heute,
deine Düfte nicht gern riechen.
So sei, wenn du ein bisschen Gas gegeben
in deinem Leben,
die obige Empfehlung gemacht,
mit herzlichem Glückwunsch an alle gedacht.
Und machst du beim Autofahren oder drinnen Düfte,
lüfte.

Nicht ganz dicht?

Bist du nicht ganz dicht?
Dann ist alles gut,
weil Manches sonst nicht rinnen tut,
dort wo etwas rinnen soll.
Zum Beispiel wenn die Blase voll
wär es echt
ganz schlecht
wenn plötzlich alles dicht
und kein Strahl kommt nicht.
So ist es nicht verkehrt,
wenn nicht alles ist ganz dicht.
Es sei hiermit geehrt
was dicht ist Nicht,
was besser sprießt und fließt
und im Leben sich ergießt.
So bin ich, nicht ganz dicht[1]
am Ende vom Gedicht.

[1]) auch die Haut atmet: größtes Atmungsorgan

„Installateurs-Geschichte“ oder „-Gedichte“

Bitte geh‘ und dichte,
so richte
das kaputte Rohr.
Wenn‘s sein muss bohr
davor
ein Loch.
Doch
am Ende wär es fein
soll’s dicht sein.
Und kommt vom Wasserhahn ein Tropfen
brauchst du nicht lang pfropfen,
reparieren oder stopfen.
Denn lieber tropft der Hahn,
als was der Wasserschaden kann
im Haushalt dort vernichten
und großen Schaden auch anrichten.[1]

[1]) Ein leicht tropfender Wasserhahn ist ein gutes Zeichen für Druckabbau in der Leitung. Sonst kann es woanders zum „Druckabbau“ kommen, meist mit unerwünschten Folgen.

Der Haushalt

Jetzt mal halt.
Was ist der Haushalt?
Wenn ich das Haus halte oder pflege?
Wenn ich es putze, gut und rege?
Ich sah noch niemanden ein echtes Haus halten.
Da müssen doch bei jedem die Gehirnzellen schalten.

Nit vui Hirn[1]

Månche Leit
sogn, dass mia a bissl feit,
und wissen nit wia gscheid
und wos i ois hob gmocht,
so das boid koana mehr darüwa locht.
Sichtschutz, Liköre, Schupfn, Obstspalier,
i kunnt no aufzoin 100 Sochn hier,
de i hob plant und mia ausdocht
und am Ende seiwa gmocht.
A wenn i monchmoi „komisch“ bin,
hot mei Leben wenigstens an Sinn.
I brauch koan Chef, den i frog
und dea mia noa sogg,
wos i soi toa und orwettn,
und vadean a nix bei Wettn,
weil auf Dauer de meistn nua verliern,
do braucht ma go nit so vui Hirn
um des z'kapiern.

[1]) Ein Mundart-Reim: Am besten einen Einwohner von der Region Pillerseetal/Tirol/Salzburg/Bayern fragen zur verständlichen Übersetzung

Lieblingsarbeiten

Meine Lieblingsarbeiten sind das Musizieren und auch Schreiben
oder einfach mal im Garten bleiben.
Und manchmal nach Belieben
vom Berg mit einem Gleitschirm fliegen.
Kreatives aus meiner Feder
kennt nicht jeder:
Herzchen-Anhänger um den Hals, und
auch als Schlüsselbund.
Körbe flechten, auch mit echten Weiden,
Schwemmholz-Lampen basteln will ich nicht mehr meiden.
Geplant, oder schon da, ich schwör
sind Tisch-Kalender[1] und Aronia-Pfefferminz-Likör.
Auf den All-Jahres-Kalender[2] und Postkarten
brauchst du nicht mehr warten.
Da ich vor dem Buch mit diesen Sachen fertig war
gibt's die jetzt auch schon in diesem Jahr.
T-Shirts mit Spruch,
wie manche in dem Buch
kannst du auch „erstehen"[3]
und sind beliebt, ich kann's verstehen.

[1]) 366-Tage Kalender (inkl. Schalttag) mit Bildern, Zeichnungen und Sprüchen

[2]) großer Wandkalender mit eigenen Fotos von der Region und eigenen passenden Reimen mit viel Platz zum Eintragen von Geburtstagen

[3]) alle Produkte online zu finden auf www.sebastianvompillersee.at

Produkte mit Girsch[1]

Schmeckt echt nit fad[2]:
Girsch-Pesto, Girsch-Spinat,
Girsch-Smoothie und -Salat.
Auch über ein Blatt roh
einfach so
bin ich froh.

[1]) bewusst ohne „e“ geschrieben; hat nix mit „Gier“ gleich
[2]) nicht langweilig

Kein Blatt vor den Mund nehmen?

Sollen wir uns kein Blatt vor den Mund nehmen?
Das wäre wirklich zum Schämen.
Dann würden wir auch keinen Salat mehr essen
und hätten einen essentiellen Teil der Ernährung vergessen.
Bevor du ein Blatt isst
und dieses in der Verdauung ist
kommt es vorher vor den Mund
und
dann in den Schlund.

Ruhe sanft

Nachdem die letzte Mahlzeit du gemampft
ruhe sanft.

Eine Todsünde

Wenn ihr es noch nicht wisst,
dass der Stolz eine Todsünde ist,
dann will ich es euch hiermit sagen
auch wenn ihr noch viele Fragen.
Wer seinen eigenen Wert erkannt,
hat den Stolz aus seinem Leben verbannt.
Und umso größer dein Selbstvertrauen,
wirst du weniger um die Aufmerksamkeit von and'ren schauen.
Jede Medaille, Jeder Pokal, Zettel oder Urkund'
ist weder gut für dich, noch für die Katz' oder den Hund
und
ich tue kund:
Mit Stolz kommt früher deine letzte Stund'.

Ein letztes Mal

Was ist ein letztes Mal?
Ein letztes Mal,
sollst du hier oben starten?
Oder besser erst mal warten?
Welch‘ Gedanken dir zum Thema kommen?
Hast du wirklich Alles schon vernommen?
Wenn du dir nicht sicher bist,
so will ich nochmal schreiben, dass du’s nicht vergisst:
Hör‘ mehr auf den Klang
und fang‘ nochmal von vorne an.

Die Musik

Die Musik ist ein universelles Instrument.
Darum mag ich jeden der dafür hat Talent.
Musik bedeutet den Wert von Noten und Pausen schätzen
und dabei Andere nicht verletzen.
Musik ist auch Gesang.
In meinen Ohren meist ein schöner Klang.
Willst du dein Leben bereichern,
nicht nur mit Streichern,
Pauken und Trompeten
so fange an mit Singen statt mit Beten.
Auch mit Pfeifen kannst du den Ton angeben
denn Musik ist Teil von aller Leben.

Der Taktstock

Ob in blauer Jacke oder weiß-gold'nem Rock,
die musikalische Leitung führt den Taktstock.
Ein kleines unscheinbares Ding
mit dem man Aufmerksamkeit fing
konnte plötzlich viel bewegen,
auch Töne in die Luft erheben.
Mancher darf ihn an den Nagel hängen
in Erinnerung an Dankes- und auch Lobgesängen.
Jene die den Takt angeben,
die Stimmung vieler Menschen heben,
gebührt hoher Wert im Leben.

Oaner geht no[1]

Wenn einer geht,
ist, wenn er nicht liegt oder steht,
nicht kniet oder sitzt,
ist höchstens noch verschwitzt.

[1]) wird am Ende eines Konzertes oft gesungen: „Einer geht noch" - wohin geht er denn?

Unter einen Hut bringen

Wenn wir „Alles unter einen Hut bringen“[1]
müssen wir um jeden Quadratmillimeter ringen.
Ein Hut ist zwar famos,
aber nicht so groß,
dass ALLES Platz würd‘ finden,
selbst nicht unter großen Linden.
Wir können niemals alles unter einen Hut bringen,
auch mit noch so kleinen Dingen.
Ich denk mir, dass du bei mir bist
und nicht vergisst:
Egal wie groß der Hut auch ist,
unter EINEN Hut passt nur EIN Tubist.[2]

[1]) oft gehörter Spruch

[2]) ein „Tubist“ ist ein Tubaspieler, oft auch „Bassist“ genannt

Gott, der Tubist

Håbt's ihr gwisst,[1]
der Herrgott ist Tubist?
Vielleicht sogar auf weißem Schimmel,
Vater unser, der Tubist im Himmel.

[1]) habt ihr gewusst

„Mein Vater unser“ oder „Musik unser“?

Mein Vater
ist auch unser Vater,
aber nur, wenn ich habe eine „Sister“[1]
oder einen Bruder, oder Geschwister.
Sonst kann’s nicht UNSER Vater sein,
dann wär’s „nur“ der Vater mein.
Selbiges zählt für die Mutter auch,
so wäre es schon lange Brauch.
Ein komisch‘ Brauch ist auch
wenn Menschen sprechen:
„Bei UNSERER Musik...“[2]
D’rum will ich hier gleich brechen
diesen komisch‘ Tick.
Auch beim Fußball
ertönt mit Schall:
„WIR“ und „UNS‘RE Mannschaft“
aber nur wenn ein Sieg geschafft.
Sonst bei einer Niederlage, gell,
sind es schnell:
„Die And’ren“ und „sie“...
Da ist jede Verbindung zum „UNS‘RE“ und „WIR“ dahi[3].

[1]) Das englische Wort „Sister“ = Schwester

[2]) wird oft von jenen gesagt die nicht mal bei der Musik spielen aber im selben Ort wohnen

[3]) „dahi“ ist auf Mundart so viel wie „weg“ oder „nicht mehr da“

Der Ausschuss

Der Ausschuss ist 'ne Ware
die keiner will bewahren.
Denn ganz echt
ist die "Qualität"[1] mehr schlecht als recht.
Interessant, dass auch zum Teil bei Vereinen
sich manche fügen und einen[2]
zum Ausschuss,
womit ich mache Schluss.
Als Alternative gibt es Vorstand oder Präsident,
ist somit auch euch präsent.

[1]) Was hat das Wort „Qualität" mit „Qual" gleich?
[2]) im Sinne von „vereinen"

Ob Frau? Obmann?[1]

Ob Frau, ob Mann,
es wird getan
was jeder kann.
Was er/sie tut,
so sei es gut.

[1]) Obmann = Präsident/Vorsitzender eines Vereins

Arbeit

Ich arbeite Nicht zum Verdruss
bis 70 was ich Nicht will, doch muss,
und dann
irgendwann
auch nicht mehr kann.
Lieber jeden Tag
so gestaltet wie ich mag.
Und noch zum Schluss:
Arbeit ist Energie.
Das hat irgendwie
ganz ungefragt
schon Einstein gesagt.

Der Ruhestand oder die?

Ist es der Ruhestand?
Oder war es die Ruhe, die stand?
Kann die Ruhe steh'n?
Nicht wenn wir wo geh'n!
Für mich ein komisch' Wort,
welches kommt vom Wortschatz fort.

Die Pension

Für Manche ist es eine Unterkunft zum Wohnen,
für andere der „Ruhestand“ wo sie sich schonen.
In Deutschland ist's die Rente.
Willst du das? Ich sag: „Niente“.
Ich will nicht erst mit über 60 das Leben genießen,
bis dann noch so viel Zeit vergießen.
Es soll mein Leben jetzt schon fließen.
Ich will Freude jeden Tag versprießen.
DAS ist für mich Leben.
Danach will ich streben.
So ist mit jeder guten Tat
ein Tag
den ich in der Tat
auch gerne mag.
Pension und Rente
können mir gestohlen sein.
Ich sag: „Niente,
Danke, Nein.“

Auftragswerke

Ich vermerke,
schreibe gerne Auftragswerke[1].
Zur Trauung, oder zum Geburtstag
für jeden der das gerne mag.
Und bevor ich es vergesse
auch für andere feierliche Anlässe.
Ob öffentlich, privat oder für einen Verein,
bei dieser Arbeit sag ich nicht gern nein.
Es ist ein Teil von meinem Beruf,
welchen ich mir selber schuf.
In diesem Sinne freue ich mich auf ein Schreiben[2],
möcht‘ mit freundlichen Grüßen verbleiben.

[1]) Reime für bestimmte Feierlichkeiten, Firmen oder Vereine
[2]) an info@sebastianvompillersee.at

Friseur

Weil ich mich nicht dran stör,
bin ich seit Jahren vom Opa der Friseur.
Dies ist auch ein Teil von meinem Beruf,
den mein Opa für mich schuf.

Beruf

Schon Gott erschuf.
So folge deinem Ruf
und bestimme
mittels Stimme.
Wer's vernimmt, findet in Stimmung
und bestimmt auch seine Bestimmung.
Woran ich dich erinnere:
Es zählt nicht nur die Äußere, auch die Innere.
Und das größte Ziel auf Erden:
Glücklicher Familienvater[1] werden.

[1]) für Frauen natürlich „Mutter"

Vater & Mutter ehren

Du sollst Vater und Mutter ehren
und dich nicht so oft beschweren.
Nimm das Leben leicht, nicht schwer
dann hast du auch vom Leben mehr.
Achte, was du tust und sagst
und wonach du fragst.
Auch wenn der Sinn dir unbekannt,
so sei er hier wohl kurz genannt,
dass Alles im Leben Sinn ergibt
wer unbekümmert einfach liebt.

Beschweren

Ich schreib's oder sag's gleich vorne weg:
Es reist sich besser mit leichtem Gepäck.
So bin ich gern beim Reduzieren statt Vermehren
denn ich will mich nicht gern selbst beschweren.

Ende im Gelände[1]

Ich ging mit meiner Schwester eine Wanderung
bei welcher wir uns nicht am Weg beschwerten.
Aber zur Verwunderung,
nachdem wir einen Bach überquerten,
war später plötzlich Ende im Gelände[2].

[1]) Typischer Spruch im deutschen Sprachgebrauch; meist wenn etwas beendet sein soll

[2]) hier passend: wir fanden den weiteren Weg im Gelände nicht

Keine Ahnung?

Manche Menschen haben keine Ahnung von den Ahnen,
von dem Stamme wo sie kamen.
Dies hat meist ohne Schuld und Sünde
viele verschiedene Gründe.
Wenn du's kannst erfragen
werden es dir deine Eltern und Großeltern sagen.
Die Ahnen halte hoch in Ehren,
da sie deinen Stamm stets bilden und vermehren.
So mach es ihnen gleich:
Eine glückliche Familie ist wirklich reich.

Hello-Wien[1]

Früher war der Tag noch rein,
bei den Kelten auch genannt „Samhain“.
Ein Tag zum Gedenken an die Ahnen,
welche für ihr Wirken Anerkennung bekamen.
Über viele Jahrhunderte,
was mich zum Teil verwunderte,
haben sich ohne Bitten
schlechte Sitten eingeschlichen.
Können nicht verglichen werden
mit den hohen alten Bräuchen hier auf Erden.
Es gibt inzwischen wieder Plätze[2],
wahre Schätze,
wo, zum Dank an die Ahnen, mit Bedacht
ein Lichterfest wird dort gemacht.
Mit Freude und Besinnung
eine schöne Stimmung,
in fröhlicher Runde
bis zur letzten Tagesstunde.

[1]) könnte auch so geschrieben werden: Hell-oh-Wien -> als Mischung von Englisch und Deutsch dann mit der passenden Bedeutung: Die Hölle in Wien, aber aufgrund der ganzen Gruselgestalten nicht nur dort sondern weltweit

[2]) Naturoase Piesendorf

Erwacht

Mit Beginn vom Tag erwacht
nach einer klaren Nacht.
Geseh‘n die schöne Sternenpracht.
Etwas das mir Freude macht.

Horro(r)skop[1]

Vom damaligen Sinn von den Sternen
sich die Menschen lange schon entfernen.
Der Schöpfer erbracht
für Wegweisung in der Nacht
die Sternenpracht.
Ich bringe euch retour dieses Licht.
Erkennst du es nicht?
So schaue mal auf dieses Bild.
Das Tier ist wahrlich nicht sehr wild.
Mit Anmut will es dienen,
nicht nur den Bienen,
am liebsten Allen lichten Wesen,
so ist das Leben schön gewesen.

[1]) für viele Menschen ein Horror aufgrund der Vorurteile von anderen Menschen: Bin selber kein Skorpion, bin ein Mensch/Lichtbringer. Zur Veranschaulichung davon wurde dieses Bild (siehe rechts) auf meinem Rücken tätowiert.

Krebs

Mir ist bis heute nicht bekannt
warum eine Krankheit wird auch so benannt.
Ich bin verdutzt
dass hier
der Name von einem Tier
wird benutzt.[1]
Manche kein seelisches Gespür
bekommen nämlich ein Geschwür.

---

[1]) oder eher beschmutzt? Denn ein Krebs (Tier) ist meist nicht krank

Vom Körper ein Warnsignal,
weis ich allemal.
Viele sind mit ihrem Leben nicht zufrieden
und trotzdem[2] in alten Mustern hängen geblieben.
So will ich es hier kurz beschreiben,
muss dir dann dein Körper zeigen
mittels Wachstum als ein Schema,
welches passt auch meist zum Thema.
Beim Mamma-Karzinom[3]
kommt es oft vom
Thema mit der Mutterschaft,
welches dann auch Leiden schafft.
Es kann jedoch
auch noch
von Deos sein,
in denen kommt so manches Gift[4] hinein.
Bist du darauf erpicht
und willst das alles nicht,
kannst du von mir einen selbstgemachten Spray[5] erwerben
mit dem auch keine Zellen sterben
oder entarten,
wie so manches Unkraut daheim im Garten.
Wenn dir geistig-seelisches Wachstum fehlt,

---

[2]) „trotzdem“ = sie trotzen dem was ihnen der Körper zeigt -> weigern sich vor Änderungen, die ihnen dann der Körper bringt, womit der Mensch dann ringt

[3]) Brustkrebs

[4]) Aluminium und andere bedenkliche Stoffe in manchen Deos, Nahrungsmitteln und Arzneien

[5]) als Raumspray und anderwertig verwendbar

dann hast du es verfehlt
auf deine Gedanken und Gefühle achten
und dein Körper begann dann, mit Verachten
dich quälen,
denn dein Körper will dir hier erzählen,
dass du sollst dich nicht dran stören
und stets auf deine Gedanken und Gefühle hören.
Willst du es nicht glauben
will ich mir erlauben
beginnt dein Körper trotz Operationen
dich nicht verschonen.
Denn du hast, ehrlich gestanden
den Sinn vom Leidensgrund noch nicht verstanden.
Nochmal sag ich dir
kommt das Problem von DIR[6]
und nicht vom Arzt, oder von mir
oder wem anderen hier.
Ungeklärte Themen in der Familie könnten noch die Ursache sein,
das schreib ich auch noch rein.
Es hilft hier kein Wegschneiden,
denn es mindert nicht die Ursache vom Leiden.

---

[6]) auch durch Glaubenssätze wie: „genetisch bedingt“; „familiär veranlagt“; „in der Familie normal“; bedenke: „Du bist was du denkst!“

Eifersucht

Eifer-Sucht ist eine Eigen-Haft
die mit Eifer sucht und Leiden schafft.

Leidenschaft

Was ist es, das uns Leiden schafft
und so nimmt den Lebenssaft?
Es ist eine dunkle Macht
durch Begierden herbeigebracht.
Einer, der Leiden schafft,
bringt sich selbst in Haft.
Jene, die Leiden mindern,
können viel Schreckliches verhindern
und den Schmerz auch lindern.
Eine hohe, lichte Kraft:
Wer Leid stets mindert, nicht erschafft.

Die Gier

Die Gier im Menschen ist ohne Bedenken
etwas, womit dich falsche Werte lenken.
Wissbegierde, Habgier und auch Neugier
zählen zu den Sünden hier.
Die Gier nach Macht
ist nicht gelacht, menschengemacht,
mit derer wird im Menschen das Dunkle entfacht.
Ich bleibe gern
von solchen Menschen fern,
schaue lieber abends Richtung Stern'.

Sehnsucht

Eine Sucht
wo Menschen sind verflucht.
Sie haben das Sehen noch nicht gefunden.
Wo ist es bloß hinverschwunden?
Vielleicht es kommt zurück
im Moment vom Augenblick.

Augenblick

Der Augenblick ist stets im Hier und Jetzt,
präsent im Moment
ohne dass du jemanden verletzt.
Wenn ich aus meinen Augen blicke
und dabei etwas flicke,
oder etwas nähe,
oder wenn ich in die Augen anderer blicke oder sehe,
vor allem wenn ich in der Nähe
sitze oder stehe
kann ich tief in deine Augen
blicken oder „schaugen“[1].

[1]) Mundartwort für „schauen“

Die Sicht

Menschen haben die Fähigkeit der Sicht,
nicht nur mit dem Augenlicht.
Manche haben diese Gabe
ohne Frage, dass ich es auf dem Weg sage.
Entfernungen sind dabei nicht relevant
und auch nicht die dickste Wand.
Weder Dunkelheit noch Licht
stört bei dieser Gabe nicht,
der Sicht auch ohne Augenlicht.[1]
Eine Frau ist mir bekannt,
sei folgend auch genannt.

[1]) Meine Mutter hat in ihrer Jugendzeit einen Mann im Zug kennen gelernt, der zwar mit den Augen blind war, aber auch so erzählen konnte wie schön draussen die Blumen und die Umgebung sind. Es gibt mehrere Menschen mit der Fähigkeit dieses natürlichen „Fernsehens“ wie z.B. Alois Irlmaier.

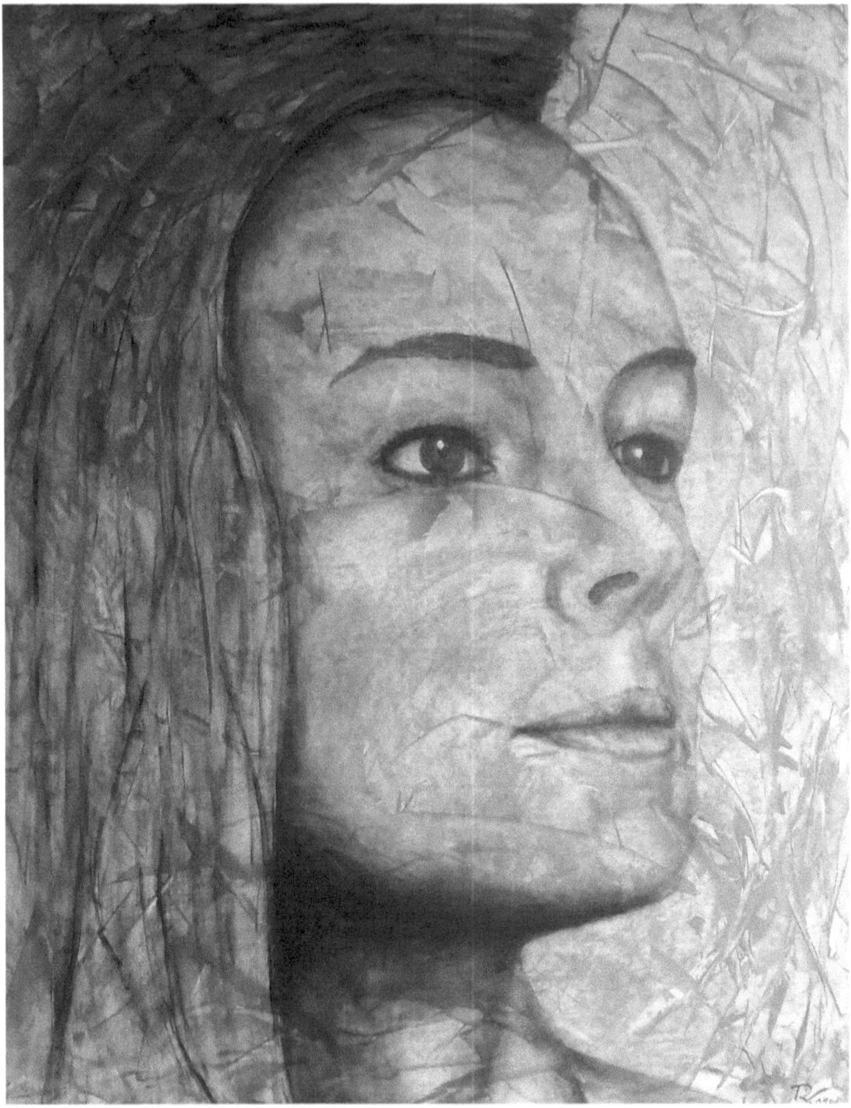

Tochter der Taiga

Tochter der Taiga wird sie auch genannt,
von der mein Wissen[1] ist bekannt.
Ob du es glaubst oder nicht,
in der Nähe des Ob erstrahlt ihr Licht.
Viele würden sie gern sehen,
so ist sie nun schon fast am Flehen,
dass es besser ist,
und du gut beraten bist,
wenn du diesen Gedanken schnell vergisst,
da sonst dort ein Massentreiben ist.
Dass sie auch im Jahre 2025 noch am Leben,
dafür würd‘ ich alles geben,
auch die Hand ins Feuer legen.
Die Kleingärtner hat sie wirklich gern,
egal ob nah, ob fern,
sie hält sie stets in Ehr’n.

[1]) ein Großteil meines erlernten Wissens

Nah und fern

Viele Menschen auf Erden
sollen mit diesem Wissen glücklich werden.
Finde für dich möglichst viele
Nah- & Fernziele.
Aber gedacht sind hier nicht Orte,
so achte auf die Worte,
denn seit
nicht allzu langer Zeit
konnt‘ ich sinnvolle Ziele finden
und Unnützes[1] durft‘ verschwinden.
Auch so manche Bräuche[2]
gelten zwar nicht als Seuche,
aber zeigen die Schrecken
die in ihnen stecken.
Sinnvolle Ziele in zeitlicher Nähe und Ferne,
die mag ich gerne.

[1]) z.B. der „Fernseher“, Radiosendungen, Zeitungen lesen,...

[2]) Teufellauf, HelloWien

Etwas mehr

Nach etwas mehr als einem Jahr
war mir klar,
dass das Buch auch fertig wird.
Es “lief“ dann wie “geschmiert“.
Ich musste nicht groß rügen,
so durft‘ sich vieles fügen.
Es kam in Frag‘
„nur“ ein Maler und auch ein Verlag.

Der Verleger

Mir war
nach kurzer Zeit auch klar
wer der Verleger dieses Buches war.
Ich muss es nicht beim Namen nennen,
beim Impressum kannst du es erkennen.

Der Titel macht's?

Mancher Titel wird nach Belieben
meist Groß geschrieben.
Ich habe meinen Titel[1] abgegeben,
denn im Leben
zählen für mich andere Werte,
was ich schon recht früh lernte.
Es kommt drauf an was du mit Lust
und Freude tust,
ob du dein Leben bereicherst
und gute Erinnerungen speicherst.
Selbst eine Lawine wird vom Rollen nicht satt,
wenn dort steht auf irgendeinem Blatt:
„Staatlicher Skiführer“ oder „Lawinenkommission“,
die Lawine kennt ihre Mission.
Sie stoppt nicht ihre Gewalt
und macht auch nicht vorm Titel halt.
Viele hat sie schon in den Tod gerissen
und die Zettel wurden weggeschmissen.
Höre auf deinen Kopf und dein Gefühl, sei clever,
dann bist du auch im Denken schneller
und verhinderst so am Ende
einen Unfall im Gelände.

[1]) Ingenieurstitel nach 3 Jahren Berufserfahrung beantragt und anerkannt, “trage“ und nutze ich nicht mehr

Ein Naturjuwel

Kennst du zu deinem Jubel
ein traumhaft schönes Naturjuwel?
So will ich ohne beschweren
dir Folgendes erklären:
Willst du einen Schatz bewahren,
egal ob in Tirol oder im Montafon,
sei dir im Klaren,
erzähle nicht zu viel davon.
Sonst kommt es wie in Venedig,
durch touristische Überhäufung gesteuert,
überteuert, geschädigt.

Schiach[1]

Schiach is, wenn's nit sche is,
wos nit oiwai zum vasteh is.
Wos bei Regen schiach is, frog i mi scho lång,
ohne großem Zwång.

[1]) Mundartreim: Evt. Tiroler, Bayer oder Salzburger um die Erklärung fragen

Schönes Wetter

Schönes Wetter ist jeden Tag,
da den Regen ich auch mag.
Für gute Ernte großer Segen
ist Wasser und auch Regen.
Sprich NICHT NUR bei Sonne von schönem Wetter.
Es wäre doch viel netter,
wenn der Mensch erkennt den Sinn,
dass jede „Wetterlage“ uns ist ein Gewinn.

Die Wetterlage?

Ich wusste nicht, dass Wetter liegt,
dacht‘ eher, dass es einfach fliegt.
Sonne, Wolken und auch Wasser,
ein Teil des Wetters macht aus trocken nasser.

Nur Wasser?

Manche fragen,
dass sie es nur wagen,
ob ich will „nur“ Wasser trinken.
Mir wär lieber wenn sich Manche nicht mehr schminken.
Und Wasser ist Nicht „nur“!
Bestes Medium[1], universell und pur.

[1]) reines Wasser zum Trinken; Wasser ist in allen Lebensmitteln enthalten; ist auch Kommunikations- und Informationsmedium - universell vorhanden

Nur ein Tropfen auf dem heißen Stein?

Oft wird dieses „Sprichwort“ benutzt
und so der gute Wille beschmutzt.
Denn jeder Tropfen zählt,
vor allem da wo einer fehlt.
Bei den Hydrolaten[1] hat jeder Tropfen hohen Wert,
der den Duft der Sinne mehrt.
Selbst bei der Ernährung zählt manchmal jeder Tropfen.[2]
Und nicht nur Hopfen
kann so Manchen auch „verstopfen“.[3]
Jeder Tropfen auf dem heißen Stein
ist in der Sauna fein.
Wird‘s mir dann zu viel
hab ich leichtes Spiel.
Gehe einfach raus,
dann ist die Hitze aus.

[1]) Pflanzenwässer, die bei der Destillation von Pflanzen bzw. Pflanzenteilen entstehen

[2]) z.B. bei Kleintieren oder auch Säuglingen

[3]) überfüllen

Die Handtuchsauna

Es gibt manche Saunen,
die sind nicht zum Staunen.
Da sind fast nur Handtücher drin,
das ist mancherorts „in“.
Woanders ist das wohl verboten,
wie geschrieben, so geboten.[1]
Ich möchte diese Saunen loben
auch wenn andere hierbei toben.
Nehmt alle unbesetzten Handtücher raus
dann ist der Blödsinn auch bald aus.

[1]) „Keine Plätze reservieren. Handtücher werden abgeräumt.“

Das Handtuch werfen[1]

Ich frag mich, ob in Werfen[2]
viele dort das Handtuch werfen.
Oder ob vielleicht ein Herr oder eine Dame
mir sagen kann, woher der Name
von diesem Ort,
welcher gleich dem Wort
„werfen“ ist,
damit es keiner auch vergisst.
In der Sauna,
wo viele sich sau-nah,
wird das Handtuch nicht geworfen, aber „geschlagen“
und somit die Hitze nach unten „getragen“.

[1]) typischer Spruch wenn jemand etwas beenden will/soll

[2]) Ort in Österreich

Hitze, Hitze, Hitze!!

Nur weil ich im Sommer mal ein bisschen schwitze
ist es lang noch keine Hitze.
Früher hieß es „schöner Sommertag“.
Und weil ich das viel lieber mag,
so auch fortan wieder sag‘.

Klimakleber

Ich bin kein Klimakleber[1],
denn kleben kann fast jeder.
Doch bin ich nicht so dumm
und sitz blöd auf der Straße ‘rum.
Ich arbeit‘ lieber im Garten,
da sitz ich dann auf keinem harten,
stinkenden Asphalt,
im Sommer heiß, im Winter kalt.
Klimafreundlicher wär übrigens, ohne Schmäh
auf die Straße nageln, nur so als Idee.
Und die Moral von der Geschicht‘:
Klimakleber wissen nicht,
dass sie am eigenen „Futter-Aste“ sägen
von dem sie selber leben.
Denn wer die Lebensmittellieferungen blockiert
hat einfach nichts kapiert.

[1]) sind/waren Menschen die sich auf die Straße setz(t)en und dachten, dass sie damit das Klima verbessern; werden dafür übrigens bezahlt!

Richtige Ernährung

Diese ist,
wenn du es wagst,
dass du nur isst
was du auch magst.
Der Moment, wo du dann hungrig bist,
auch der beste Zeitpunkt ist,
dass du etwas isst.
Ich hoff‘ dass Du es nicht vergisst
und stets dann was isst,
wenn du wirklich hungrig bist.
Um 7, um 9, um 11, um 8,
oder auch um Mitternacht.

Geistige Umnachtungen

Viele der Zeilen, die hier blieben,
hab ich in der Nacht geschrieben.
Also nicht um 8,
Nein, mitten in der Nacht,
zum Teil zwischen 2:00 und 4:00
wie das, was du kannst lesen hier.
Denn das Gute um die Zeit, mitten in der Nacht,
dass meine Gedanken von anderen nicht durcheinandergebracht.
Denn allein das Denken
kann schon gewisse Taten lenken.
Drum bin ich froh,
ganz nebenbei mal so,
wenn jeder Mensch mehr über SEIN Leben denkt
und somit die EIGENEN Taten lenkt.

„Eigentlich“

Das Wort „eigentlich“
ist ein eigenes Thema für sich.
So könnte ich
„eigentlich“
dieses Wort von meinem Sprachschatz streichen.
Denn es gibt nichts sondergleichen,
was so unverhofft
und oft
ohne Sinn gebraucht
in der Sprache auftaucht.

Auftauchen

Viele fragen sich
oder auch mich
wann er oder sie wohl auftauchen wird.
Was mich zwar nicht geniert,
aber doch etwas verwirrt,
und auch noch ein wenig komisch ist.
Weil ich mich frage
und nicht daran verzage,
wann derjenige wohl untergetaucht ist.

Bei Tageslicht

Tageslicht
ist nicht
gleich Sonnenlicht.
Denn es stimmt,
dass Ersteres wird durch die Erdrotation bestimmt.
Das Sonnenlicht wiederum, zur Klärung,
und zur generellen Wissensvermehrung,
gilt ausschließlich bei direktem Strahl,
nicht bei Wolken oder Steinewall[1].

[1]) Beton- oder Ziegelmauer oder andere hohe „Stein-Gebäude“ welche die direkten Sonnenstrahlen verhindern

Sonnensegen

Nach vielen Tagen Sonnensegen
heut‘ zum Glück mal wieder Regen.
So darf‘s im Garten sprießen
ohne meinem Gießen.

Starten

Den Tag sollst du so starten:
Geh barfuß in den Garten!

Frühe Stunde

In der Früh kann ich es kaum erwarten,
bin am Liebsten gleich im Garten.
Die frühe Stunde sei begrüßt,
indem du dich nach Sonnenaufgange
ohne Angst und Bange
im Garten mit Wasser übergießt
und somit ein Teil von allem wirst, das fließt.
Wenn der Platz ist dafür da,
so sage ich hier offenbar,
noch weiser du selbst bist
wenn ein Tauchbecken[1] in deiner Nähe ist.
Nutze dieses Wasser
und mach dich damit nasser.
So schaffst du eine Verbindung
ohne Kabel, ohne Windung,
ganz ohne großem Schein
wirst du ein Teil von Allem sein.

[1]) nur sinnvoll im eigenen Garten: kann auch ein Naturteich oder ein angelegter Teich sein

Der Pool

Der Pool wo's quirrlt und wirrlt,
das Wasser ist verwirrt, verirrt?
Einer steht auf der Terrasse noch.
Sei dir bewusst jedoch,
in welcher Jahreszeit und in welchem Jahr
das von dir gelesen war.

Wasser

Wasser ist Lebenselixier.
Das höchste Gut auf Erden hier.
Wasser ist auch Regen,
der Natur und der Ernte ein Segen.
Ohne Regen
kein Trinken und auch kein Essen.
Das haben Viele schon vergessen.
Ohne Regen
kann sich nicht viel regen und bewegen.
Darum sprich und denk nicht schlecht von Regen,
denn er ist der Erde größter Segen.

In der Wüste

Am Liebsten wünsche ich all jenen,
und zwar denen,
die bei Regen oft von „schlechtem Wetter“ sprechen,
wenn mir einer könnte dies versprechen,
dass, 3 Tage sie in die Wüste kommen.
Vielleicht irgendwann
haben sie in der Wüste dann
den wahren Wert von Regen vernommen.

Lange Dürre

Jesus war in der Wüste nicht allein.
Nein.
Zum Glück nicht in die Irre
folgte ihm eine lange Dürre.
Bald ist dann hier genug mit Jesus-Witzen:
Er musste bei den Achseln auch nicht schwitzen.
Hab erbarmen,
er verteilte das Brot unter den Armen.

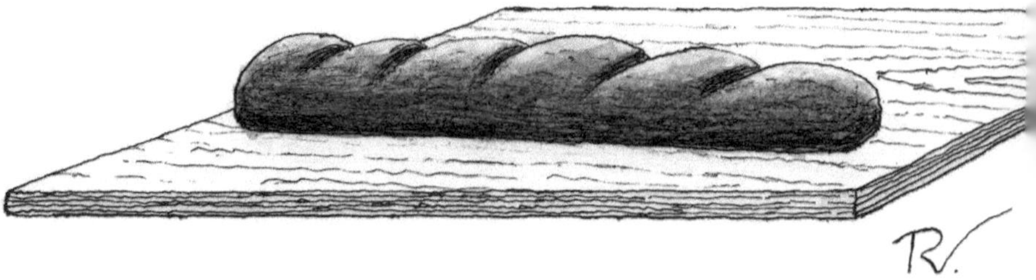

Schwarzbrot

Ich musste mich schon länger fragen:
Darf man „Schwarzbrot“ heutzutage denn noch sagen?
Trotzdem esse ich gern Brot
und das nicht nur zur Not.
Meistens wird es selbst gemacht,
weil‘s mir schmeckt und Freude macht.
Gemahlen wird von mir auch das Getreide
bevor ich backe und das Brot in Scheiben schneide.
Vor Kurzem konnt‘ ich starten:
Ein Teil[1] davon kommt nun vom Garten.
Ich hoffe bloß
das Brot landet dir nicht am Schoß.
Und nach Belieben
ist es nicht zu lang im Backofen geblieben.
Denn, wenn
es ist dann schwarz geworden
bekommt es leider keinen Orden.
Aber trägt zum Verdruss
und passend dann zum Schluss
ohne großes Loben
den Titel „Schwarzbrot“, gleich wie oben.

[1]) Getreideanbau auf etwa 1,5-2m² seit 2022

Schwarz

Darf das Wort „schwarz“ generell noch genannt werden
hier auf Erden?
Mir egal,
ich sag es allemal.
Viele Worte sind bekannt
und werden demnach auch genannt.
Selbst wenn die Farbe Schwarz nicht passt
werden manche Namen mit diesem Wort verpasst.
Ich bin kein Schwarzmaler von Beruf,
da ich mit Worten, nicht mit Farbe schuf.
Bin auch kein Schwarzseher, denn ohne Licht[1]
seh ich nicht.
Ich kann es gut verstehen,
dass ich hab Schwarzfahrer nur wenige gesehen,
da ich auf dem Lande wohne
und mich vor Ballungszentren schohne.
Schwarzfischer und Schwarzdecker gibt es auch,
war zum Teil normaler Brauch.
Und jene die mit Ruß und Rauch
bei der Arbeit wirklich schwarz dann auch,
tragen anderen Namen.
Wär interessant von wem sie den bekamen.

[1]) Sonne, Mond oder künstliches Licht

Der Brauch

Der Rauch ist wohl ein alter Brauch
und oft gern gesehen auch.
Denn dort wo qualmen
nicht die Palmen,
dort wo Rauch
auch im Kamine ist,
nur dass du es nicht vergisst,
welch‘ schöne Kraft im Feuer ist.
Mit der Pfeife auch ein Zeichen von Frieden
wird von vielen schon gemieden.
Wo ist nur der alte Brauch geblieben?
Mancher Brauch ist nur ein Schein
so wird er auch
bald nicht mehr sein.
Denn im Leben bleibt die Klarheit
und die Wahrheit
und auch
was darin findet Brauch.

Die Wahrheit und die Lüge

Es gibt eine Legende von der Wahrheit und der Lüge,
ohne dass ich hier betrüge:
Die Lüge sagt zur Wahrheit: „Heute ist ein schöner Tag."
Die Wahrheit blickt kurz prüfend, sagt: „Ja, auch einer den ich mag."
Die Lüge dann an einem Teich: „Das Wasser ist sehr fein.
Liebe Wahrheit, willst du mit mir im Wasser sein?"
Die Wahrheit prüft erst mal ob's wahr,
dass das Wasser auch recht angenehm nun war.
Und so ist sie dann sogleich
wie die Lüge, nackt im Teich.
Als Erstes kommt die Lüge raus,
zieht das Kleid der Wahrheit an,
macht sich gar nix draus
und rennt seitdem mit falschem Kleid voran.
Die Wahrheit steigt nun aus dem Teich
mit weichen Knien jetzt sogleich.
Sie denkt: „Lieber nackt von diesem Tag, ich wage,
als, dass ich das Kleid der Lüge an mir trage."
Die Menschen sind nun ganz empört,
durch den Anblick der nackten Wahrheit gestört.
So rennt sie nun schon lang umher,
gern gesehen von fast keinem mehr.
Die Lüge wurde so beliebt,
und doch am End' die Wahrheit siegt.

Wahrheit oder Pflicht?

Lange erkannte ich den Sinn noch nicht
beim Spiele „Wahrheit oder Pflicht".
Du sollst stets die Wahrheit sagen.
Eine Gabe die nicht alle wagen.
Zum Beispiel wenn in Sicht
ein Wagen mit blauem Streifen und auch blauem Licht.
Wer weis schon: Als Mensch musst du tun KEINE Pflicht!
Viele erkennen es noch nicht.
Das Recht zum Schweigen ist bekannt,
so sei es hier nochmal genannt.
Denn,
wenn die Wahrheit dir nicht dienlich ist,
du am besten leise bist,
womit dir gut geraten ist.
Am Rande sei noch kurz erklärt,
bevor hier einer weiterfährt.
Das Alles steht im „Vahlen Jura"[1],
egal ob mit oder ohne Matura.[2]
Zum Thema „MENSCH":
KANN Träger von Rechten und Pflichten sein.
Alles andere ist nur Schein.
Und so schreib ich's nochmal extra rein:
KANN Träger von Rechten und Pflichten sein.
Von „müssen" ist hier nix geschrieben,
so bin ich dann bei den Rechten geblieben.

[1]) juristisches Wörterbuch - für Rechtssachen
[2]) Matura = Abitur in Ö, Schweiz, Südtirol

Rechts oder links?

Wer oder was ist rechts?
Was ist rechtens?
Ist ein Rechtsanwalt rechts?
Ob ihr es seht,
auch wenn er auf der linken Seite steht?
Was, wenn er auf der falschen Seite ist?
Das heißt jetzt nicht, dass das die Linke ist.
Das schaffe ich mit links, so hier beim Buch,
weil ich meist schrieb auf Zettel und ein Tuch[1]
und zwar mit links, wie ich's durft' lernen,
denn so war's gewollt den Sternen.
Würdest du nun sagen, dass ich Linkshänder bin,
kommt mir Folgendes noch in den Sinn:
Dann wäre meine rechte Hand dahin.
Denn Vieles hab' ich schon mit rechts gemacht,
wenn oft auch nicht daran gedacht.
So beim Auto schalte ich die Gänge.
Mit links fehlt nicht die Länge.
Aber macht hier nicht viel Sinn,
im Land, wo ich geboren bin.
Ich hab auch schon mit rechts geschrieben,
denn manchmal ist durch's Verwischen nicht viel leserlich geblieben.
Wisst ihr was ist „ein linker Hund"?
Und
„Eine linke Bazille"?

---

[1]) Auf Hawaii ein Leintuch beschrieben

Ich hoffe, so mein Wille.
Sonst nicht verzagen
einfach fragen.
Am Ende sei noch kurz erklärt,
dass ihr es von mir erfährt:
Solange du im Körper bist,
rechts und links ‘ne Ansicht ist.
Eine, die nicht bleiben muss,
denn Manches hier ist Überfluss.

Überfluss

Ist das Wasser über’m Fluss
dann spricht man auch vom Überfluss.
Denn von dort
kommt dieses Wort auch her,
weis heute fast schon keiner mehr.
Den Überfluss den brauch ich nicht.
Darauf bin ich nicht erpicht.
Mit Genügsamkeit von Fülle umgeben
hab ich stets, was ich brauch‘ im Leben.

Lebensstandard heben

Viele Menschen bejammern ihr Leben,
da sie unbewusst an unnützen Dingen kleben.
Willst du deinen Lebensstandard heben,
nimm das Fernsehen aus deinem Leben.
Zum Fernsehen geh doch lieber auf einen Berg,
auch wenn Vieles wirkt da kleiner als ein Zwerg.
Auf dem Berg
kannst du sehen nah & fern,
ich hab es wirklich gern.
Wenn keiner[1] in der Nähe ist
dann sei er nicht sogleich vermisst.
Geh öfter mal in die Natur,
denn dort ist wahres Leben pur.

[1]) kein Berg

Lebendes Buch mit e

Als die Buche
einen Urlaub buchte
kamen mit Freude
auch noch Freunde.
So wurde bald
der erste Wald.

Bäume sind ein lebendiges Buch, du kannst sie lange lesen
und es freu'n sich daran viele Wesen.
Dieses Buch bewegt sich mit dem Wind
und erfreut so manches Kind.
Auch das Rascheln der Blätter
ist viel netter
als in einem Betonklotz wohnen
und Gelenke schonen.
Denn wer viel rastet, rostet
und wer sich bewegt
der lebt.

Dieses Buch

Dieses Buch neigt sich nun Richtung Ende
und ich es dann auch recht gut fände
wenn du anderen von diesen Zeilen liest,
da du niemandem den Tag damit vermiest.
Eher ist es so,
dass viele sind sehr froh.
Wenn sie können hören,
möchte ich fast darauf schwören,
wird es nur sehr wenige auch stören.
Auch als Geschenk ist's gern gesehen,
so mache diesen Wunsch recht oft geschehen.
Du wirst es nicht bereuen
wenn sich Andere an diesem Buch erfreuen.
Auch dem Schreiber dieser Zeilen wird so Freud' gemacht,
wenn er auch nur selten lacht.
Denn Freud' und Lachen
das sind zwei verschied'ne Sachen.

Eigenhändig

Selber händisch geschrieben und eigenhändig getippt
hab ich mich so manches Mal vertippt.
Ich brauche dafür keinen Preis
oder dass mich einer ehrt,
obwohl ich weis
wie hoch ist dieser Wert,
wenn du auch wirklich, fast gänzlich
ein Buch selber schriftlich,
mit dem Kugelschreiber übers Papier gerieben
und somit ein Buch geschrieben.
Heute kann bei vielen Büchern von „geschrieben“ nicht die Rede sein,
ausser hier bei mein‘.
Auch wenn die Technologie[1] ist mir bewusst,
so hatt‘ ich keine Lust,
dass ich den Text nur spreche[2]
und somit den Urgeist vom Buch SCHREIBEN breche.
Ich bin nach meinem Belieben
weitestgehend bei altbewährten Mitteln geblieben
und habe es mit viel Bedacht
noch eigenhändig gemacht.

[1]) Ursprung vom Wort „Technologie“: Tech - no - logos -> Technik ohne Wort/Geist

[2]) mit heutigen Mitteln wie Apps leicht machbar

Mein Lieblingsspruch

Wenn ich alles hier nochmal durchsuch'
gibt es einen Lieblingsspruch in diesem Buch.
Und den Gleichen
gibt es auch auf T-Shirt[1] und auf Lesezeichen:
„Manche Menschen, noch bei Sinnen
wissen, wahrer Reichtum kommt von Innen."

[1]) auf der Internetseite: www.sebastianvompillersee.at oder bei Veranstaltungen zu kaufen

Buchpräsentationen und Veranstaltungen[1]

Ich mach auch Buchpräsentationen
die sich meistens lohnen.
Warum eine Buchpräsentation?
Weil schon
durch den Klang und mein Betonen
die Sinne in dem Wort dann wohnen,
die ich darin hab erkannt
und darum auch so benannt.
Ich habe auch daran gedacht,
wenn's stimmig ist, wird passend Live-Musik gemacht.
Hättest du gern eine Präsentation in der Nähe,
was ich gut verstehe,
so wisse hier,
schreibe mir.
Noch keine Anschrift gefunden?
Am besten an die E-Mail unten[2].
Vielleicht bis bald,
wenn's Wetter passt auch gern im Wald.

[1]) Stand-Up Comedy, Reime, Wortspiele & Sprachbewusstsein

[2]) info@sebastianvompillersee.at

Meine Homepage[1]

Meine Seite von Daheim
passt in kein Internet hinein.
Alles was ich mache, dort erklären,
würd das Leben nur erschweren.
Denn ich bin und will stets vielseitig sein
und quetsch mein Daheim
nicht in diese Norm hinein.
Ausserdem bin ich meist, aber nicht nur
lieber mittendraust in der Natur.

[1]) auf Deutsch „Meine Heimseite“;
Die Internet-Adresse zum Finden von Informationen, Terminen und Kontakt ist:
www.sebastianvompillersee.at

Über den Schriftsteller

Ich erklär am Anfang nur,
bin ein Kind von der Natur.
Dieser Reim, der kam mir schneller,
ich bin kein Autor, bin Schriftsteller.
Denn ich stelle Schrift und mache klar
was vorher Vielen unklar war.
Schon seit
der frühen Zeit
der Kindheit
war ich penibel
und las nicht gern die Bibel.
Aber hörte manche Worte
die nicht passend war'n für viele Orte.
So will ich euch noch gerne unterbreiten,
wurd' mir ungefragt
gesagt,
ich soll nicht so „i-Tüpfterl reiten"[1],
obwohl mir damals war schon klar
welche Kraft in jedem Worte war.

[1]) penibel mit jedem gesagten Wort sein

Kommunikationskurse: „Die Macht der Sprache“

Rhetorik & Kommunikation
mach ich schon
seit meinem ersten Lebenstag.
Und weil ich das inzwischen so gern mag
und auch offen sag,
hab ich für Kommunikation ein gutes Gespür,
es gibt auch Kurse dafür.[1]

[1]) gerne auf der Internetseite www.sebastianvompillersee.at nachschauen oder Email an info@sebastianvompillersee.at

Merk-würdig

Erkenne den wahren Sinn,
dass Viele denken, dass ich merkwürdig bin.
Nun wisst ihr jedoch
auch gleich noch,
ich will es kurz vermerken,
warum der Name
einer Polit-Dame,
ähnlich dem „Merken“,
ist NICHT nach Belieben
DOCH im Gedächtnis geblieben.
Denn,
wenn ich mir was merke,
ist, wenn ich diese Informationen behalte und stärke.
Und wenn ich dessen auch noch würdig bin
bekommt „merk-würdig“ den richtigen Sinn.

Nachdenken?

Nach dem Denken ist das Tun.
Da sollst du nicht mehr physisch ruh'n.
Denken ist an erster Stelle.
Zum Bewusstsein uns'‘re höchste Schwelle.
Viele werden von Aussen abgelenkt,
da die Aufmerksamkeit wird jenen geschenkt,
welche viel versprechen,
diese dann zum Teil auch brechen.
Schau, dass in deiner Nähe wenig ist,
von dem du schnell mal abgelenkt auch bist.[1]
So kannst du selber mehr und schneller denken
und dein Leben besser lenken.
Doch
am Ende erinnere ich dich noch:
Nach Denken ist das Tun & Handeln!
So kannst Du das Leben zum Glück verwandeln.

[1]) eingeschalteter Fernseher, Radio, Signaltöne bei Benachrichtigungen,...

Zum Nachlesen

Das ist der Name der 2. Rubrik.
Ich hör‘ schon innerlich Kritik.
Ein Raunzen[1] und Raunen,
mancherorts ein Staunen.
Was dort alles in dem Büchlein steht,
auch wenn nicht jeder alles versteht.
So sei zum Schluss noch kurz erklärt,
dieser Teil ist NUR für die AB 14-Jährigen von Wert.
So gib gut acht,
mach es mit Bedacht
und gib nur weiter was ab 14 Sinn gemacht.

[1]) Jammern

Weder gern gehört noch gern gesehen

Ein Wort, das weder gern gehört noch gern gesehen,
so lass ich es im Reim geschehen,
dass es ist versteckt,
auch wenn es wird alsbald entdeckt.
„Leider . . . .“
ist nicht nur der Name eines Lied’s,
es hat auch etwas mit des Mannes Glied’s
und auch mit dem zwischen den Beinen der Frau.
Noch ist’s wirklich nicht so rau,
denn es ist noch nicht genannt oder geschrieben,
so seid mit dem Denken noch kurz hier geblieben.
Seit
geraumer Zeit
wird sich gefragt in welcher Lage
er oder sie es wage?
Kurzum: Wem gilt der Sieg?
Wenn er oder sie unten lieg‘?
Dieses letzte Wort, welches wurd‘ geschrieben und zum Teil genannt,
ist jenes, worin verpackt, was auch bald vom Leben verbannt.
Ein bisschen leichter sei es dir gemacht
indem man auf die Stellung der Buchstaben acht‘.
So lies von hint‘ nach vorn‘ das Wort,
dann erkennst du es sofort
und schickst alsbald aus deinem Wortschatz fort.

Schamanismus?

Nein, Scham an is‘ kein Muss.
Eher Tour is‘ Muss.
Denn manchmal begeben
wir uns auf Wegen
welche dienlich sind im Leben,
ohne, dass wir an fixen Vorstellungen kleben
oft dadurch sehr viel Schönes, Unerwartetes erleben.
Ich muss mich für gar nix schämen,
denn ich will nicht mein eigenes Leben zähmen.
Wo auf der Brust
und an anderen Stellen voller Lust
ich mich über Haare freue,
sie dort keineswegs bereue.
So schick ich fort die Scham
und lass die Haare da.
Ohne Gram
sag ich zum Leben ja.

Das Herzerl

Mein Herz verschenk ich gar nicht gern
sonst ist es dann vom Körper fern.[1]
Und ich geb‘ noch einen drauf,
ich mach’s auch nicht gern auf.
Denn bleibt‘s „verschlossen“[2]
wird kein Blut vergossen.

1) Deutsche Übersetzung vom Lied „Last christmas“: „Letzte Weihnacht gab ich dir mein Herz und am nächsten Tag gabst du es dann fort“ gilt wortwörtlich gesehen als inoffizieller Aufruf zur Herz-Organ-Spende. Darum mochte ich das Lied irgendwie noch nie.

2) in natürlicher Funktion

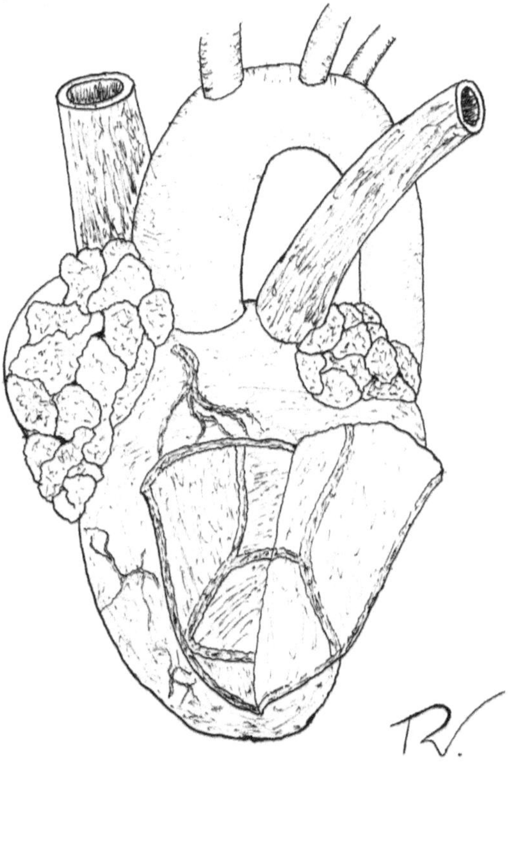

Frisches Blut

Lady Di[1]
had to die.
Auf Deutsch, sie musste sterben,
es ging hier um die Erben.
Der Sinn war,
Manchen klar,
in der Familienlinie frisches Blut,
denn dieses tut den Erben gut.
Damit Diana wird auch provoziert,
nachdem die Kinder waren „produziert",
fing man dann ganz ungeniert
Skandale künstlich produzieren an
zwischen Diana und dem Ehemann.
Diana durchschaute dieses Spiel.
Und wenn ihr das auch nicht gefiel
so blieb sie jedoch noch mitsamt
alledem eine längere Zeit im Amt.
Sie ließ Vieles über sich ergehen
und nicht so leicht vom Thron „verwehen".
Bevor die Wahrheit kam dann offiziell heraus
war ihr Leben auch schon aus.
Denn am Ende, haben wir gelernt,
wurde sie unliebsam „entfernt".

[1]) Prinzessin Diana, oder kurz „Di", gesprochen wie „Dae" oder auch das englische Wort „die" = sterben

Der Schoß, der Kelch, der heilige Gral „Gesucht von A-Z“

Der Schoß, der Kelch, der heilige Gral
wurd‘ oft beschrieben viele Tausend Mal.
Vom Aal bis zum Zebra oder von A-Z
ich darauf verwetten tät‘
wenn jener damals gesagt hätt‘
was der heilige Gral denn ist,
dann auch du nicht länger bist.
Es ist
der Schoß einer Frau.
Und jetzt kommt’s „Dicke“[1], höre ganz genau:
Wer Blut vom Kelche[2] trinkt,
erstens: dass es „stinkt“[3]
und zweitens: Er ganz klar ist eine große S...

[1]) Dicke“ sinngemäß für „heftig“

[2]) sinngemäß gleichbedeutend mit dem Schoß der Frau

[3]) keine schöne Sache so etwas zu tun, auch nicht symbolisch

Jungfrau

Eine Jungfrau ist noch unbefleckt und heil,
weil
noch keine fremde DNA
kam ihr bisher nah.
Der Einfluss dessen ist recht groß
sobald befleckt der heile Schoß.
Die Reinheit geht verloren,
denn unreine Kinder werden so geboren.
Das Phänomen ist auch als „Telegonie“[1] bekannt
und sei hier dringend mal genannt.
Es lässt sich aber korrigieren
damit wir Reinheit noch nicht ganz verlieren.
Am Besten aber ist
wenn du noch ‘ne Jungfrau bist,
und zwar bis zur Trauung[2] dann
mit dem richtigen Seelenmann.

[1]) der Einfluss des ersten Mannes auf die Nachkommen - wissenschaftlich seit etwa 200 Jahren bekannt

[2]) freie Trauung auf dem eigenen Familienlandsitz

„Echte Liebe“ oder **„Von Lust und Frust“**

Hast du gewusst?
Ein Mensch der nur der fleischlichen Lust
nachgibt
ist nicht verliebt,
erzeugt dann nur mehr Frust.
Mir ist bewusst,
so hab ich auch gewusst,
dass Ich mich halt von sowas fern,
denn ich mag was anderes gern.
Meine echte Liebe
folgt nicht nur dem Triebe.

Unter’m Strich

Unter’m Strich
gehen manche Damen „auf den Strich“.
Besser wäre dieses Unterfangen streichen.
Mir können solche Frauen weichen.
Es gibt fast nichts sondergleichen,
was in der Welt mehr Unheil produziert,
als, wenn Frauen, durch Männer provoziert
ungeniert und ungeziert
ihre Hüllen fallen lassen.
Ich kann’s kaum fassen.
An alle Frauen
und jene Männer, die nach ihnen schauen:
Das sollt ihr lassen.

Der Aufreisser?

Was ist ein Aufreisser?
Einer der bei Mädels ist kein „Hosenscheisser“[1]?
Nur damit du es weist,
wie ein echter Held heißt
und was er tut:
Er verkehrt dann nur mit einer,
sonst mit keiner.
Alles and’re wär nicht gut.

[1]) Einer, der keine Angst hat und viele Mädchen mit nach Hause ins Bett nimmt

Der Stecher

In so manchem Ort
bringen Menschen uns vom Ursprung fort,
indem sie folgen ihren Trieben
und nicht wirklich lieben.
Sie stillen kurz mal ihre Lust
und später kommt dann wieder Frust.
Sie wollen immer mehr,
wann kommt die nächste Frau daher?
Diese fallen selber darauf rein,
da sie denken, es soll so sein,
dass das größte Glück auf Erden
die körperlichen Höhepunkte werden.
Nur unlängst später kommen dann Beschwerden,
dass sie weiter folgen diesem Drang,
welcher wird dann fast zum Zwang.
Bei Manchen ist es gar zur Sucht geworden
und sie rühmen sich fast selbst mit Orden.
Werden sich nur selbst bestrafen
indem sie mit so vielen Menschen „schlafen".
Von wahrer Liebe und Familienglück schon weit entfernt
haben sie es längst verlernt,
dass Frauen spielen nun mit Brüsten
und folgen niederen Gelüsten.
Manchmal angezogen von 'nem Mann,
der anSCHEINend sehr viel kann.
Zum Abschluss sei nun ungefragt
noch kurz gesagt:

Dumm ist der, der Dummes tut.
Wahrlich ist das nicht sehr gut.
So halte ich mich hier gern raus,
denn Familienglück sieht anders aus.

Ein echter Mann

Ein echter Mann
bist du dann
wenn du Liebeslust zum Zeugen nutzt,
Nicht Frauen anderwärtig mit Samen beschmutzt.
Ich kenne kaum
welche die sich halten so im Zaum.
Wer sich so beherrschen tut
ist wahrlich gut
und macht uns allen Mut.
Der größte Part gilt hier den Frauen,
da Männer oft nach ihnen schauen,
mit Reizen seinen Verstand auch klauen[1].
Willst du[2] einen echten, reinen Mann
dann
spiele Nicht mit deinen „Zügen“,
ausser du willst dich selbst betrügen.

[1]) mit Weibesreizen bewusst durch extreme Offenheit, kurze Kleidung und offenen Ausschnitt den Mann um seinen Verstand, klares Denken und Handeln bringen

[2]) als Frau

Komplize oder kompliziert?

Der Komplize eines Mannes
kann es!
Kann recht vieles sein.
Ich schreib es hier mal einfach rein:
Sowohl die Hand, der Mund
und...?
entlockt ihm eine fröhlich‘ Stund‘.
Er muss nicht zwingend männlich sein,
denn auch anders ist es fein.
Wen überkommt hier volle Lust,
sei noch geklärt was du da tust.
Denn mancherorts überkommt‘s ihn dann
und es fangen Tränen an.
Oft der Trauer, weniger zum Freuen,
wenn sie nach kurzer Zeit bereuen,
dass etwas Neues wurd‘ gemacht
und das mit wenig Wohlbedacht.
So wird‘s mit dem Komplizen kompliziert,
wenn sie sich hier nicht ziert,
nicht lang geniert
und mich schnell mal kommen lässt,
wo aus flüssig wird dann fest,
selten zur Feier, eher nur zum Test.
Auch gesagt: „Ja, nur zum Spaß!“
Doch zum Spaß da fehlte was.
Denn aus Spaß da wurd‘ im Ernst,

dann auch bald der kleine Ernst.
Oder auch ein kleiner Horst
kann davon kommen, wenn du nicht hörst
was Mama und auch Papa dir gesagt.
Es kann sein, dass sie solches Schicksal plagt.
So sei dir hier nun noch bewusst,
wo du kommst und was du tust,
dann ist das Leben nicht mehr kompliziert.
Der Komplize so ein Freund dir wird
und nicht hohen Wert verliert,
wenn neues Leben wird bewusst kreiert.

Ohne Spaß

Wenn Frauen beim „Spaß" haben Schmerzen
dann soll'n sie nicht lang scherzen.
Denn aus irgendeinem Grund
tut ihr Körper kund,
dass irgendwas nicht passt,
vielleicht ist's auch der Gast.

Kurzweilig

Männer und auch Frauen,
die nach vielen Menschen schauen,
haben ohne Wissen
die Liebe längst „weggeschmissen“.
Und sie gieren
ohne genieren
zur kurzweiligen Beruhigung
nach körperlicher Befriedigung.
Viel schlimmer
kommt's dann nimmer
wenn sie dabei immer
jemand anders benötigen,
auch wenn sie niemanden nötigen
oder zwingen,
aber dennoch dazu bringen.
Manche auch mit ihren „QUALitäten“ prahlen,
müssen den Preis
für den „Scheiß“
später dann, irgendwann, selbst bezahlen.
Weil, kurze Lust[1]
erzeugt auf Dauer Frust.

[1]) auch wenn's ein bis zwei Stunden dauert kann man von kurzer Lust sprechen

Ein großes Übel

Pornos sind ein großes Übel unserer Zeit.
Es geht dort nicht um Zärtlichkeit.
Als Verführung und Versuchung, zur Befriedigung niederer Triebe
dienen sie Nicht der Liebe.

Der Absatz

Was hat ein Absatz von Schuh'n
mit einem Satz zu tun?
Lasst diesen Gedanken mal auf euch ruh'n.
„Je höher die Absätze
desto kürzer die Hauptsätze"
heißt es auch in einem Lied[1].
Manche erregen damit nicht nur Mannes Glied.
Sie erkaufen[2] sich auch oft den Blick
und kommen schwer von diesem Brauch zurück,
dem Drang nach Aufmerksamkeit.
Besser wäre doch: Mehr Bodenständigkeit.
Von Unzähligen, die ich nicht alle kennen muss
gehen nur noch Wenige manchesmal barfuß.
In diesem Sinne bin ich gleich beim Ende
bevor ich lange eure Zeit verschwende.
Hier kommt nun der letzte Vers:
Luftig, frei[3] mag's auch die Fers'.

[1]) von Pizzera und Jaus
[2]) durch jene gekauften Schuhe
[3]) ohne Schuh

Mit Vers

Folgen wir alten Spuren
und auch deutschen Hochkulturen
wurde früher oft nach Belieben
per Vers gesungen und geschrieben.
So hab ich hier ein Wort benannt
und DU dessen Ursprung hoffentlich erkannt.
Eine wahrlich negative Bedeutung hat es heutzutage.
Und da keiner mehr es wage
und stellt in Frage
warum perVers diese negative Bedeutung habe,
sehe ich es als meine Aufgabe,
will ich euch versprechen,
werd ich dieses negative Muster brechen.
Habe nach Belieben
das ganze Buch per Vers geschrieben.

Weißer Spritzer[1], süß oder sauer?

Ich konnt' mir's nicht verkneifen.
Denn, hat der Mann mal einen „Steifen“
und fängt damit zum Spritzen an
hat das „Ding“ die Arbeit fast getan.
Von beiden gewollt, ein Kind entstanden,
wir dann auch als „süß“ empfanden.
Ansonsten ist es[2] „sauer“
und du erst ganz am Ende schlauer.

[1]) So wird im Moment (noch) ein Weinmischgetränk in gewissen Teilen Österreichs genannt und mit diesem Wissen wohl bald vom Wortschatz verbannt.

[2]) das Kind, da es spürt, dass es nicht von beiden Eltern gewollt war

Wenn's di vor haut[1]

Wenn's die Vorhaut
zrugg haut[2],
dann musst du entweder gut aufpassen
oder es schnell lassen.
Denn es kann vorkommen,
dass Nachkommen
hinzukommen.

[1]) Wenn es dich nach vorne wirft
[2]) nach hinten „wirft"

Das Vorspiel

Vor dem Spiel
ist das Vorspiel.
Und wann
fängt dann
das Spiel an?
Am End' ist noch zu sagen:
So manches Vorspiel
könnte auch ein Nachspiel haben.

Aftershowparty

Ohne großen Charme
erklär ich den After als das Ende vom Darm.
Ich will hier noch tiefer in den Sinn „einsteigen“,
denn das Wort „show“ bedeutet „zeigen“.
Ich brauch mich nicht beeilen,
aber wisse, „party“[1] = teilen.
Ich hier fast am Ende bin
und erkannt‘ im Wort den Sinn[2].
„Aftershowparty“[3] als eines der schrecklichsten Worte auf Erden,
denn mit ihm werden
und wurden über Jahrzehnte,
was ich zum Glück ablehnte,
aus Männern[4] Homosexuelle gemacht,
nicht gelacht,
zur Minimierung der Menschen[5] gedacht.

[1]) vom Wort „Part“ von welchem auch das Wort „Partei“ stammt

[2]) oder Unsinn

[3]) After zeigen & teilen

[4]) nicht bei allen: bei Manchen ist es von Geburt an schon drin, da ihre Seele einen solchen Körper gewählt hat

[5]) vor allem deutsch- & englischsprachige

Georgia Guidestones

Auf den Georgia Guidestones[1] steht geschrieben,
bei der Wahrheit geblieben,
oder richtigerweise, gemeisselt in Stein,
10 „Gebote“ die für mich nicht sollen sein:
1.) Die Menschheit auf Erden
soll unter 500 Millionen gehalten werden.
2.) Die Fortpflanzung wird bewusst gelenkt
und somit bestimmt, wem neues Leben geschenkt.
3.) Die Menschheit will man mit einer Sprache einen.
Das will ich eher doch verneinen.
4.) Die Beherrschung von Tradition, Leidenschaft und Glauben.
Was die sich alles noch erlauben!
5.) Schütze die Menschen[2] mit gerechten Gesetzen und Gerichten.
Wobei ich mich frage, wie die das mit Regel 1.) anrichten?
6.) Alle Nationen sollen ihre Angelegenheiten selber klären.
Darüber will ich mich mal nicht beschweren.
7.) Vermeidung von belanglosen Gesetzen und unnützen Beamten.
Womit wir schon einen Teil der Minimierung erkannten.
8.) Ein Gleichgewicht zwischen individuellen Rechten und
gesellschaftlichen Pflichten schaffen.
Das wird schwierig bei einem System mit so vielen Waffen.
9.) Würdigung von Wahrheit, Schönheit und Liebe.
Aber Manche folgen nur dem fleischlichen Triebe,
nehmen sich was sie wollen,
aber nicht sollen

---

[1]) Monument aus Granitsteinen in Georgia/USA mit Inschriften von „Leitlinien“

[2]) hier denken diejenigen wohl an sich selbst als Auserwählte der 500 Millionen

und nennen es dann auch noch Liebe.
10.) Sei kein „Abschaum“
und gib der Natur den nötigen Raum.
Dies ist prinzipiell nun echt
nicht schlecht.
Ich will mir noch erlauben,
du musst mir hier nicht alles glauben.
Wenn du daran zweifelst jedoch,
so prüfe es am besten selber noch.
Du kannst die Wahrheit bei Wikipedia oder anderen Seiten finden,
denn so schnell wird, was in Stein gemeisselt, nicht verschwinden.[3]

[3]) auch wenn sie 2022 zerstört wurden

Die nackte Wahrheit

Viele kennen schon die Zeilen
von der Wahrheit und der Lüge.
So werd‘ ich mich nun hier beeilen,
dass ich selber nicht betrüge.
Denn die nackte Wahrheit ist selten gern geseh’n,
so lass ich es nun hier gescheh’n,
dass ich bin, wie mir lieb,
ganz nackt, als ich diese Zeilen schrieb,
ohne Seitenhieb
oder einem and’ren Trieb,
nur jenem von dem Schreiben hier,
etwas nach 9:00 und nicht um 4:00.
Manche Menschen länger bei der Lüge bleiben
und sich nicht so gern entkleiden,
was auch dann verständlich ist,
wenn ihr die Kraft im Weibe wisst.

Die höchste Kraft

Als Universums höchste Kraft
wurde die Frau "erschafft".
Es ist die schöne, weiche, runde Form.
Durch sie wird jeder Mensch gebor'n.
Die Kraft der Anziehung ist Vielen bekannt,
die Höchste sei nun hier genannt.
So lies hier gut und mach dich schlau:
Im Universum die höchste Kraft ist die Anziehung des Mannes zur Frau.
Dieses Wissen sollst du ab heute gut verwenden
und nicht deine Zeit mit unnützen Dingen verschwenden.
So zum Beispiel mit deinen Reizen
andere Männer zusätzlich anheizen.
Du entführst sie damit weit vom Leben,
weil sie lieber an deinen runden Formen kleben.
Die Arbeit bleibt dann auch noch liegen,
wenn Frauen mit dieser Kraft über Männer siegen.
Ich schreib' zum Schluss noch offenbar
sei dir bitte jeden Tag ab heute klar:
Lieber mit den Reizen geizen,
nicht mit ihnen spielen,
da Männer so vom Leben fielen.
Sie werden gereizt, entführt[1] und geblendet,
womit die Männlichkeit und auch der Reim hier endet.

[1]) im wahrsten Sinne des Wortes der Führung beraubt

Reizen oder geizen?

Viele Männer nach den Frauen schauen.
In der besten Weise
nicht nur leise
eine Partnerin fürs Leben suchen.
Sich selbst verfluchen,
wenn der Drang gilt mehr dem Stillen von fleischlicher Lust,
was später führt dann nur zu Frust.
Wenn du[1] siehst den Mann fürs Leben
so darfst du deine Macht erheben
und brauchst mit deinen weiblichen Reizen
nicht so geizen.
Aber sei dir noch bewusst
bevor du das auch tust,
dass deine Wahl
wird nicht zur Qual.
Erschafft sodann im Ideal
mit allen Konsequenzen
neues Leben, neue Töne und Frequenzen.

[1]) als Frau

Meine Waffe

Meine “Waffe“
ist jene, mit welcher ich neues Leben schaffe,
nicht zerstöre.
So höre:
Ich nutze sie recht selten,
weil mir andere Sachen auch viel gelten.
Erst wenn ich gewollt dann Vater bin
ergibt auch diese “Waffe“ Sinn.

Vor, um, von, mit und ohne Pampers

Vor der Pampers[1] war das Pimpern, Pempern[2],
bevor begann das große Sempern,
das Sudern und auch noch das Maulen[3],
wenn Kinder müssen in Plastikbeuteln „faulen“.[4]
So schreibe ich wie's mir beliebt,
auch wenn es andere Meinung gibt:
Kinder im Garten „nackig sein“, recht fröhlich stimmt,
wenn's Wetter dafür passt, bestimmt.

[1]) Pampers, eine Windelmarke
[2]) Pimpern, Pempern: ausleben fleischlicher Lust; Ge(h)-schlechts-verkehr
[3]) Sempern, Sudern, Maulen: sind andere Worte für „Jammern“
[4]) „faulen“: Auch oft für „Auf der faulen Haut liegen“ benutzt

Die rote Zipfelmütze

Die Zipfelmütze ist ein Lustsymbol
und dieses ohne gutem Wohl.
Weil schon im Wort gefangen ist die Lust und auch der Trieb.
Jeder Anblick davon bereitet mir und anderen einen Hieb.
So sei doch bitte mal so lieb
und nimm die Zipfelmütze aus dem Leben,
so hast du ihm mehr Sinn gegeben.

Einen runterholen

Ich habe mal an einem Schild gelesen,
ich möcht' es gern verlesen:
Achtung, jetzt wird's „bunter":
„Alle, die noch keinen Ständer haben,
geht nach oben und holt euch einen runter."
Gedacht sind hier die Musikanten,
womit wir auch den Sinn erkannten.[1]

[1]) dass sie Notenständer vom oberen Stock holen sollen

Nicht gekommen!

Wie schon bekannt
hab ich den Grund auch oft genannt
warum ich bin nicht gekommen,
zur Probe.
Wie ich nun lobe
hast du auch den Sinn vernommen.

Vom Können, wollen und Sollen

Auch wenn wir Vieles können und auch wollen,
so ist nicht Alles etwas das wir sollen.
Fleischliche Wolllust
bereitet manchmal Freude, manchmal Frust.
So sei dir doch bewusst
was du tust
und auch mit wem.
Folge nicht dem
Drang nach fleischlichem Triebe,
denn der vertreibt die Liebe.
Was wir sagen, fühlen und auch denken
und in welche Richtung wir uns lenken,
das schreib ich hier nun offenbar
ist dir dann auch selber klar.
Ist es für was Gutes
so sei frohen Mutes.
Denn dann bist du im Tun, nicht länger im Grollen,
was wir weder wollen noch auch sollen.

Nua schee

Wea nua schee maust, maust nit vui,
owa dafi dia wos a wui.[1]

[1]) Frag einen Tiroler, Salzburger, Bayer, oder jemand anderen, der dir den Sinn vom Reim erklären kann.

Tisch für 6

In einem Restaurant hat mal eine Dame
ohne folgende Reklame
nach einem „Tisch für 6“ gefragt.
Ich hab dies meiner Begleitung gesagt.
Sie meinte: „Kommt’s nur herbei.
Der Tisch nebenan, der ist noch frei.“
Das Kopfkino ist schon angelaufen.
War dann doch nix. Dumm gelaufen.

Über 6

An manchen Tagen ist es richtig gut,
weil‘s einfach nur so fließen tut.
Da sprudelt’s bloß,
was ist bloß los,
aber nicht in meiner Hos‘.
Über 6 - Reime geschrieben
und nach Belieben
noch lange nicht beim Ende geblieben.

Bis zum nächsten Band,
mit voller Freude gern in deiner Hand.

Ende Band 1

Informationen & Kontakt

Internet: www.sebastianvompillersee.at

E-Mail: info@sebastianvompillersee.at

Facebook: Sebastian vom Pillersee

Illustrator: reinhardwalder@gmx.at

Telegram: https://t.me/sebastianvompillersee

Inhalt

Kontakt und Information

Internet: www.sebastianvompillersee.at

E-Mail: info@sebastianvompillersee.at